L'ACCOMPAGNEMENT

d'un être cher en fin de vie
et dans l'après-vie

Anick Lapratte
Catherine Poirier

L'ACCOMPAGNEMENT

d'un être cher en fin de vie et dans l'après-vie

Pour se préparer au grand départ
Pour mieux vivre le deuil
Pour communiquer avec l'âme
et guérir ensemble

UN MONDE DIFFÉRENT

Catalogage avant publication de Bibliothèque et Archives nationales du Québec et Bibliothèque et Archives Canada

Lapratte, Anick, 1974-

L'accompagnement d'un être cher en fin de vie et dans l'après-vie : pour se préparer au grand départ, pour mieux vivre le deuil, pour communiquer avec l'âme et guérir ensemble.

Comprend des réf. bibliogr.

ISBN 978-2-89225-802-8

1. Accompagnement des mourants. 2. Deuil – Aspect psychologique. 3. Mort – Aspect psychologique. 4. Vie future. 5. Familles des malades en phase terminale. I. Poirier, Catherine, 1963- . II. Titre.

R726.8.L36 2013 362.17'5019 C2013-940215-2

Adresse municipale :
Les éditions Un monde différent
3905, rue Isabelle, bureau 101
Brossard (Québec) Canada J4Y 2R2
Tél. : 450 656-2660 ou 800 443-2582
Téléc. : 450 659-9328
Site Internet : http://www.umd.ca
Courriel : info@umd.ca

Adresse postale :
Les éditions Un monde différent
C.P. 51546
Greenfield Park (Québec)
J4V 3N8

Dépôts légaux : 1er trimestre 2013
Bibliothèque nationale du Québec
Bibliothèque nationale du Canada
Bibliothèque nationale de France

Illustration de la couverture :
MICHELLE LÉVESQUE

Conception graphique de la couverture :
OLIVIER LASSER et AMÉLIE BARRETTE

Photocomposition et mise en pages :
ANDRÉA JOSEPH [pagexpress@videotron.ca]

Typographie : Goudy Old Style 12 sur 15 pts (CS5.5)

ISBN 978-2-89225-802-8

Nous reconnaissons l'aide financière du gouvernement du Canada par l'entremise du Fonds du livre du Canada (FLC) pour nos activités d'édition.

Gouvernement du Québec – Programme de crédit d'impôt pour l'édition de livres – Gestion SODEC.

Gouvernement du Québec – Programme d'aide à l'édition de la SODEC.

IMPRIMÉ AU CANADA

Pour Roch, mon époux de lumière...

Et pour tous ceux qui sont éprouvés

par le départ d'un être cher.

Table des matières

DEUXIÈME PARTIE

Le dernier souffle

TROISIÈME PARTIE

L'après-vie et la guérison des cœurs

QUATRIÈME PARTIE

Aide supplémentaire

Remerciements de Catherine

« Si la vie vous jette par terre, levez les yeux ;
il y a des étoiles au-dessus de vous. »

— Guy Finley

Avant l'épreuve, jamais je n'aurais pensé écrire un livre sur l'accompagnement en fin de vie et dans l'après-vie. Mais c'est un grand bonheur pour moi aujourd'hui, pour donner suite à la suggestion de l'âme de Roch, d'offrir ce livre pour aider les personnes et les âmes qui traversent le deuil. Naturellement, durant l'écriture, les forces et le courage de poursuivre ce projet m'ont parfois manqué. Mais heureusement, en cours de route, des alliés de cœur se sont joints à moi pour me soutenir dans ce projet. Et avant de tourner la dernière page de ce chapitre de ma vie, je souhaite offrir toute ma gratitude aux personnes et aux âmes qui m'ont soutenue avec compréhension et amour.

Ma profonde gratitude et tout mon amour vont tout d'abord à Roch, mon tendre époux de lumière. Tu as été mon ciel étoilé dans mes nuits d'égarement… Malgré l'épreuve, j'ai une reconnaissance infinie pour les liens du cœur qui nous unissent à jamais. Merci d'avoir partagé ta vie à mes côtés, d'avoir reconnu ta lumière et de la faire rayonner avec autant d'amour et de joie autour de toi. Je t'aimerai éternellement…

Mes sentiments les plus doux vont à ma guidance et aux âmes si généreuses et aimantes qui m'ont accompagnée durant la fin de vie de mon mari, durant mon processus de deuil et tout au long de ce projet d'écriture. Merci pour la patience, la compréhension et l'amour infini. Je vous aime tout autant.

À Michel Ferron, merci de donner vie à ce livre et de permettre aux gens de recevoir des outils et de l'information pour les aider à mieux vivre le passage de la mort et la période du deuil. Merci également à toute l'équipe, recevez ici toute ma reconnaissance.

Chère Anick, belle âme, ton amitié m'est si précieuse. Merci d'avoir été présente pour moi durant cette période charnière de ma vie. Ton authenticité, ton dévouement, ta collaboration et ton expertise ont apporté un tel rayonnement à ma vie et à ce livre. Merci d'avoir fait partie du voyage. Je t'aime, belle amie… xx

Merci à mes précieux amis et à ma famille que j'adore. Un merci tout spécial à ma mère qui, bien qu'elle ait été elle aussi en deuil de son mari, m'a soutenue avec beaucoup d'amour et de compréhension. Sans votre présence dans ma vie, je ne serais pas la personne que je suis devenue aujourd'hui. De tout mon cœur, je vous aime… xx

À mes trois enfants : Jean-Sébastien, Louis-Alexandre et Joël, ainsi qu'à mes belles-filles, Kim et Fabienne, votre amour a été un phare éclairant ma voie. Malgré les hauts et les bas de la vie, s'il y a une constance, c'est l'amour que je vous porte. Chaque jour, je remercie le ciel et je bénis nos âmes pour votre présence dans ma vie. Je vous adore !

À Pierre, ta présence dans ma vie ajoute à mon bonheur. Merci d'être si présent à ta vie ainsi qu'à la mienne… *te amo*… xx

Remerciements d'Anick

« Le malheur de perdre un être cher ne doit pas faire oublier le bonheur de l'avoir connu. »

— Auteur inconnu

Dire merci et rendre grâce, voilà qui revêt pour moi un caractère sacré. J'aime poser mon regard sur les beautés de la vie et sur l'abondance d'amour qui déferle au quotidien. Et même quand il pleut dans mon cœur, je sais au plus profond de mon être que la vie va m'envoyer un petit rayon de soleil pour illuminer ma voie…

Roch fut un jour ce rayon de lumière et c'est à lui que j'ai envie d'adresser mes premiers remerciements. Mon cher Roch, alors que nous étions encore tous bouleversés par ton départ, tu es apparu dans toute ta lumière, sourire au cœur et un livre à la main. Même dans les sillages de la mort, tu as su révéler la puissance de la vie. Et par la force de ta volonté, tu as semé les premières graines d'un projet d'écriture. Tel un ange dans ce grand ciel, ton amour a traversé les nuages et il nous donne encore aujourd'hui le courage et le désir de nous dépasser un peu plus chaque jour… Merci pour ta présence, pour ton soutien et l'idée merveilleuse de faire ce livre… Qu'il puisse rendre hommage à la beauté de ton âme et à ta générosité. À bientôt… xx

Un merci sincère et rempli d'amour pour toi Catherine, ma belle et grande amie. Je tiens ici à saluer ta force et ton courage. Tu as non seulement traversé un deuil, tu as franchi les limites de l'au-delà pour découvrir qu'il n'y en avait aucune… Tu es non seulement sortie plus épanouie de cette épreuve, tu nous prouves par ton expérience et les diverses techniques proposées dans ce livre, que sur terre comme au ciel, on peut s'unir et guérir ensemble des blessures du deuil… Merci d'ouvrir ton cœur et de partager si généreusement ton bagage. Merci de faire partie de ma vie et de m'avoir invitée au voyage. Je t'aime, belle amie… xx

Mes plus sincères remerciements à mon éditeur, Michel Ferron. Alors que j'étais à un carrefour de ma vie, tu m'as non seulement fait une place, tu m'as accordé toute ta confiance et tu m'as donné pleine liberté de création. Merci pour ton apport et ton soutien à la réalisation de ce livre. Merci de rendre les rêves possibles ! Un beau merci également à toute l'équipe des éditions Un monde différent pour votre temps, votre patience et votre créativité.

Un immense merci aussi à mes fidèles lecteurs et à tous ceux et celles qui assistent à mes conférences et à mes ateliers. Vous êtes une source d'inspiration et d'amour inépuisable. Du plus profond de mon cœur, je vous dis merci pour votre soutien, pour vos questions et vos précieux témoignages. C'est un grand bonheur de cheminer avec vous !

Écrire un livre demande beaucoup de temps et d'énergie. Je m'en voudrais de passer sous silence l'incommensurable patience de ma famille et de mes amies qui ont supporté mes absences et mes silences au cours de la dernière année. Merci de tout cœur pour vos précieux encouragements. Merci de faire partie de ma vie et de croire en moi comme vous le faites, je vous aime… xx

Finalement, je tiens à remercier mon tendre époux, Éric, et nos trois merveilleux enfants, Cédrik, Marie-Claude et Ariane. Il n'y a pas de mots assez puissants pour exprimer toute ma reconnaissance pour votre soutien et votre amour inconditionnels qui sont de pures bénédictions dans ma vie.

Merci pour vos petits mots d'encouragement, votre aide, vos câlins, vos rires et votre belle folie. Je vous aime plus que tout, jusqu'à mon dernier souffle, et bien au-delà...

Je xxx

Introduction

Aborder le sujet de la fin de vie et de la mort n'est jamais facile. Perdre un être cher l'est encore moins ! En effet, perdre une personne qu'on aime est l'un des événements les plus pénibles qui soient, surtout quand nous n'y sommes pas préparés ou que le décès a lieu dans la fleur de l'âge. Mais personne ne peut éviter la mort. Même une vie de bonheur et de réalisations ne fait pas obstacle au grand bouleversement. Au moment du terrible diagnostic de cancer, mon mari et moi menions une vie active et passionnante, et nous avions des projets pleins la tête et le cœur. Nous étions heureux, et aux yeux de tous nous formions un couple idéal.

Puis un jour, la vie agréable et confortable que je m'étais construite prit une tout autre trajectoire. Le 11 mars 2010, j'appris que Roch, mon conjoint, souffrait d'un cancer de l'œsophage. J'étais anéantie, mais une lumière a fait son chemin et nous avons combattu, l'espoir au cœur. Mais au matin du 5 octobre j'ai dû me rendre à l'évidence, Roch n'allait vraiment pas bien. À peine sept mois après le diagnostic de cancer, le médecin traitant nous annonçait que Roch devait faire son entrée en soins palliatifs. Au même moment, mon père entrait en centre hospitalier pour y vivre, lui aussi, ses derniers jours.

Au fond de moi, j'ai toujours su que les expériences difficiles auxquelles nous devons faire face offrent des occasions incroyables de guérison et d'épanouissement personnel. Chacune des épreuves sur ma route m'a à tout coup permis d'en sortir grandie, voire transformée. Ma foi en l'au-delà et la guidance divine me permettaient également de me repositionner avec plus de solidité et de confiance sur ma trajectoire de vie.

Pourtant, lorsque je me suis heurtée au pronostic de fin de vie de mon conjoint, j'ai ressenti l'effroyable douleur que la mort porte dans son sillage. Malgré ma force et mes croyances, j'ai vécu la peur, la solitude, l'impuissance et un immense chagrin. Anéantie, j'étais maintenant devant l'inévitable : j'allais emprunter le chemin de l'accompagnement en fin de vie et du deuil. Avais-je la force nécessaire d'être une accompagnatrice désignée ? Comment allais-je nous préparer à ce grand départ ? Avais-je les outils pour prendre soin de son cœur, de son corps et de son âme ? Comment allions-nous vivre l'après-vie ?

J'étais troublée et même si j'arrivais à concevoir que le ciel se préparait à accueillir mon époux, pour ma part, même si son âme réclamait son départ, j'étais loin d'être prête à le laisser partir. L'écart entre la douleur que Roch et moi ressentions vis-à-vis de la mort imminente, et la joie que son âme pouvait ressentir à retourner à la Source, était trop grand. Comment pouvais-je accepter le choix de son âme ? Comment aider mon conjoint à défaire ses liens d'attachement à la terre ? Comment vivre l'accompagnement sans freiner son élan ? Je n'avais qu'une idée en tête, je devais trouver les bons outils pour bien accompagner Roch dans son cheminement vers la mort et pour nous soutenir dans chacune des étapes de la grande traversée.

Étant thérapeute énergétique et collaboratrice à l'écriture du livre *Se libérer des âmes errantes* de mon amie et auteure Anick Lapratte, j'avais un vaste bagage de connaissances entourant la vie après la mort. Mes consultations antérieures avec des gens ayant perdu un être cher m'avaient permis de reconnaître les besoins autant par les personnes endeuillées que par les âmes en ascension. C'est en puisant à ce bagage expérientiel que j'ai développé des outils d'accompagnement qui tiennent compte du cœur, du corps et de l'âme de la personne en fin de vie et de ses accompagnateurs.

Portée par l'élan du cœur, j'ai donc vécu l'accompagnement en fin de vie et dans l'après-vie en ayant le souci d'être pleinement présente à Roch, tout comme à moi-même, pour vivre le grand départ et le deuil avec une plus grande sérénité. Car accueillir la mort et faire la paix avec elle, ce sont non seulement des démarches possibles, mais elles sont essentielles à notre santé globale !

Depuis le décès de mon mari, un vent de changement a soufflé sur ma vie comme jamais auparavant. À la suite de son départ, j'ai reçu le magnifique cadeau de sa présence réconfortante et aimante. Moi qui avais toujours aidé les âmes, j'étais soudainement aidée et soutenue par mon défunt mari. Au fil des contacts, il était là pour moi tout comme j'étais là pour lui dans les moments difficiles de son ascension. Ensemble, nous sommes entrés sur une voie de guérison peu fréquentée, parce que peu connue aujourd'hui.

Cet accompagnement mutuel nous a ainsi permis de traverser avec succès le chemin de la guérison, et notre plus grand souhait à ce jour est d'ouvrir les cœurs et les consciences sur les cadeaux que recèle l'accompagnement en fin de vie et dans l'après-vie.

C'est donc avec plaisir que je reprends la plume, avec l'habituelle collaboration d'Anick, pour vous offrir ce livre. Étant auteure, intervenante énergétique, et surtout une bonne amie, Anick a non seulement apporté son expertise et sa touche personnelle à l'écriture, elle a été d'une oreille attentive à mes besoins et à ceux de Roch.

En effet, de son monde parallèle, mon époux de lumière nous a fait bénéficier des apprentissages et des connaissances qu'il a acquis depuis son départ. De plus, d'autres âmes désincarnées, nos guides spirituels ainsi que des personnes ayant vécu de près ou de loin l'expérience du deuil, se sont joints à nous pour nous transmettre leurs expériences, leurs questionnements et leurs cheminements respectifs. À la lueur des informations reçues, il devint clair que les êtres chers en fin de vie, les accompagnateurs désignés et les âmes touchées par le grand départ étaient nombreux à avoir besoin de soutien.

Ainsi, par des enseignements et des exercices pratiques, nous désirons apporter une aide aux familles, aux amis ou aux collègues éprouvés par le deuil. Que ce livre puisse être un outil de guérison afin de transmuter les émotions et les traumatismes causés par l'annonce d'un pronostic de fin de vie et par le départ d'une personne qu'on aime. Par divers trucs, conseils et exercices de méditations guidées, nous désirons mettre du baume et donner une lueur d'espoir aux cœurs endeuillés et en reconstruction. Nous souhaitons également soutenir les êtres chers qui ont fait la grande traversée afin de les aider à guérir, s'il y a lieu, des souffrances reliées à la mort et au détachement terrestre.

Ce livre s'adresse aussi aux praticiens et aux thérapeutes énergétiques qui font de l'accompagnement auprès des âmes et des personnes en quête d'un mieux-être pendant l'épreuve du deuil. Plus que jamais, nous croyons le moment venu d'élever notre conscience et d'élargir notre vision de l'accompagnement en fin de vie, afin d'apporter un soutien global aux êtres chers qui quittent la terre et à leurs proches restés derrière.

Que vous soyez actuellement en deuil ou que l'être cher vous ait quitté depuis plusieurs années, il n'est jamais ni trop tôt ni trop tard pour établir un contact afin d'harmoniser les liens qui nous unissent. Nous sommes tous porteurs d'une force et d'une lumière intarissables et il n'en tient qu'à nous de redécouvrir cette puissance qui nous habite pour guérir de l'épreuve. Donner de l'amour à sa souffrance et diriger cet amour que nous avons pour l'autre, aussi vers soi, voilà qui facilitera alors le voyage du retour à la vie.

Ce livre vous est donc offert pour vous donner l'opportunité d'aborder la vie et la mort différemment. Il propose une manière de s'accompagner mutuellement dans les moments où l'on pense que cela n'est plus possible. Il permet de déposer une paix et une sérénité dans des cœurs souffrants. Permettez maintenant à l'être magnifique que vous êtes d'entrer sur la voie sacrée de la guérison des cœurs et des âmes afin de guérir ensemble et d'aimer à nouveau la vie.

Bonne lecture,

Avec amour,

Catherine Poirier
et Anick Lapratte xx

Note aux lecteurs

Pour bien intégrer les propos et les exercices abordés dans les sections « *Soutien à l'âme de l'être cher en fin de vie* » et « *Soutien à l'âme de l'être cher décédé* », il est important de bien comprendre le cheminement qu'une âme amorce en fin de vie et au moment du décès. Pour ce faire, un bref descriptif sur le cheminement de l'âme vous est offert dans chacune de ces sections. Toutefois, parce que l'âme est encore fortement imprégnée de la personnalité du défunt (ses croyances, ses aptitudes et son bagage émotif) lors de son arrivée dans les dimensions subtiles, chacune vivra les diverses étapes de l'ascension à sa façon et à son rythme.

En effet, certaines âmes quittent ce monde dans l'allégresse et l'amour, alors que d'autres sont réfrénées par les difficultés de l'être cher à rompre les attachements à leur corps physique, ou à quitter leurs proches et leurs biens matériels. Tenant compte de ce fait, il importe donc de porter notre regard sur le cheminement de l'âme comme étant une expérience unique et illimitée pour chacune.

Bien qu'il soit impossible de couvrir l'éventail des expériences vécues par les âmes dans les plans subtils, nous avons choisi d'aborder le cheminement de l'âme dans ce qui est plus couramment vécu par celle-ci. D'ailleurs, les témoignages rapportés par les gens qui ont accompagné l'âme d'une personne en fin de vie ou décédée, ainsi que les messages reçus par les âmes désincarnées, ont été choisis avec minutie afin d'offrir une gamme d'informations bénéfiques à la compréhension du cheminement de l'âme et de la vie après la mort.

Bonne lecture,

Catherine et Anick xx

PREMIÈRE PARTIE

Pronostic : phase terminale

« La mort est quelquefois un châtiment ; souvent c'est un don ; mais pour plus d'un, c'est une grâce. »

— Sénèque

Maladies incurables, centre hospitalier, morphine, soluté, soins palliatifs, pronostic : fin de vie ! Comme une onde de choc, ces mots qu'on reçoit nous transpercent et nous laissent souvent en plein désarroi. La maladie et la mort deviennent alors le centre de notre vie, et comme un fantôme, elles hantent nos cœurs et nos esprits. Être au chevet de quelqu'un qu'on aime et savoir que ses caresses, son rire et son regard aimant ne seront plus là ; se dire qu'on ne le reverra plus, qu'on n'entendra plus sa voix, qu'on ne sentira plus son parfum, qu'on ne pourra plus le toucher ou le prendre dans ses bras ; tous ces facteurs provoquent souvent un profond sentiment d'injustice et une grande souffrance.

Mais dans une tout autre perspective, les dernières semaines avant la mort offrent aussi une multitude d'occasions et d'opportunités de s'unir à l'autre comme jamais auparavant et de toucher à l'amour dans sa forme la plus pure : c'est-à-dire l'amour inconditionnel. L'accompagnement en fin de vie devient une occasion de déposer un peu de douceur, de calme, de pardon et de sérénité dans le cœur de chacun. C'est une possibilité d'échanger, de rire et de pleurer ensemble, de se rappeler de bons souvenirs ou de se dire qu'on s'aime par un regard complice. L'amour et le soutien offerts mutuellement deviennent alors des gages d'un meilleur équilibre mental et émotionnel pour l'accompagnement en cours.

Qu'il s'agisse d'apporter un soutien à l'être cher en fin de vie, à son âme ou de prendre soin de soi en tant qu'accompagnateur désigné, avec l'amour comme source d'inspiration, une force incroyable s'éveille en nous pour mettre en lumière des ressources insoupçonnées et un accompagnement dans la dignité.

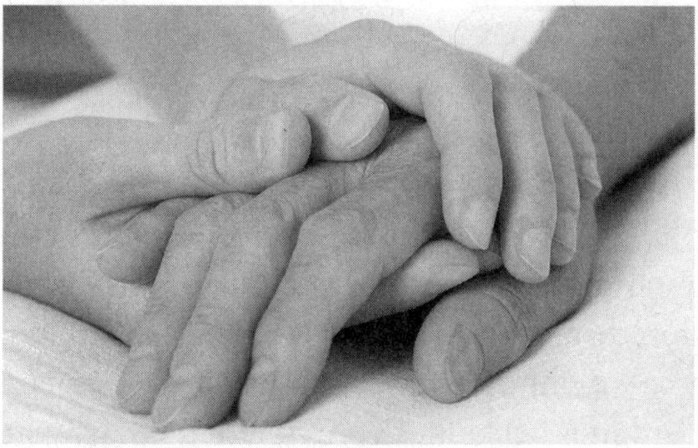

CHAPITRE I

Soutien à l'être cher en fin de vie

Pronostic : phase terminale

Aborder le sujet de la mort donne souvent des frissons. Plusieurs n'osent même pas en parler et encore moins la préparer. Et pourtant, ce départ qui suscite tant de pleurs et de tristesse au cœur est un passage tout aussi naturel pour l'être humain que sa venue sur terre. Malheureusement, nous n'avons pas été éduqués à accompagner nos proches vers la mort, et quand nous y sommes confrontés, bien des questions s'imposent. Serais-je un bon accompagnateur ? Quels soins de confort devrais-je prodiguer ? Comment devrais-je être à l'écoute de ses besoins et de ses émotions ?

Au cours des prochaines pages, vous découvrirez les bases d'un bon accompagnement en fin de vie qui vous permettront d'accompagner une personne en toute dignité. Car au-delà de la peine que suscite le départ d'un être aimé, accompagner quelqu'un en fin de vie est avant tout un privilège que la vie nous offre en toute modestie. Il suffit de dire oui et d'entreprendre, l'amour au cœur, ce dernier grand voyage…

HÉBERGEMENTS EN FIN DE VIE

La plupart des gens qui reçoivent un pronostic de fin de vie vont mourir dans un centre hospitalier. Certains choisissent cette option de plein gré, alors que d'autres, faute de temps et de ressources, n'ont d'autres choix que de se soumettre à cette option. Certaines personnes vont, quant à elles, avoir le choix de finir leurs jours à l'endroit qu'ils désirent.

Qu'il s'agisse de la demeure familiale, d'un centre hospitalier ou d'un centre de soins palliatifs, chacune des possibilités offre son lot d'avantages et de désavantages. Il serait donc illusoire de prétendre qu'il n'y a qu'un seul bon endroit où mourir. Ayant des goûts, des préférences et des désirs qui lui sont propres, il convient donc de discuter des différentes options avec la personne en fin de vie. La liste de questions suivantes à se poser ou à lui poser vous permettra de mieux cibler ses besoins ainsi que ceux des proches concernés pour faire un choix éclairé.

- Est-ce que le fait de se retrouver en centre hospitalier sécurise l'être cher ?
- Est-ce qu'il y a des disponibilités dans le centre de soins palliatifs désiré ?
- Est-ce que l'être cher nécessite un soutien psychologique, social et spirituel offert par les centres hospitaliers et les centres de soins palliatifs ?
- Est-ce que la distance entre la demeure des proches et l'hébergement de fin de vie désiré est un obstacle ?
- Existe-t-il des ressources disponibles pour des soins à domicile (CLSC ou organismes privés) ?

- Est-ce que les accompagnateurs disposent du temps et des aptitudes nécessaires pour effectuer un accompagnement à la maison (soins d'hygiène, alimentation, médication, etc.) ?
- Est-ce que les accompagnateurs ont les capacités physiques et morales pour effectuer un accompagnement à la maison ?
- Est-ce que les accompagnateurs peuvent vivre avec les images et le souvenir du décès survenu dans la demeure familiale ?
- Est-ce que la demeure familiale de l'être cher, remplie de doux souvenirs, sera un environnement facilitant le départ ? Ou au contraire, l'attachement à la maison occasionnera-t-il des résistances au décès ?
- Est-ce que l'état de santé de l'être cher lui permet de terminer ses jours à la maison ?

Rien de tel qu'une bonne discussion franche pour reconnaître les besoins, tant de la personne en fin de vie que de ceux des accompagnateurs désignés. Car c'est dans un consentement mutuel sur le choix de l'établissement que pourront s'établir les bases d'un accompagnement confortable pour chacun. Lorsque le lieu et l'ambiance sont propices aux besoins de tous, l'accompagnement peut alors prendre tout son essor.

QUI PEUT ACCOMPAGNER L'ÊTRE CHER EN FIN DE VIE ?

À moins qu'on ne soit une personne âgée, faire face à la mort de quelqu'un qu'on aime est une situation que l'on rencontre habituellement peu de fois dans sa vie. Cependant, personne n'y échappe puisqu'un jour ou l'autre, nous devrons affronter cette dure réalité. Lorsque nous y sommes confrontés, l'amour que l'on porte envers l'être cher en fin de vie est certes un élément qui nous pousse à vouloir l'accompagner et le soutenir jusqu'à son départ. Cependant, il en faut parfois peu pour qu'une personne devienne troublée sur le plan émotionnel lorsqu'elle se présente au chevet de l'être qui souffre et qui s'apprête à partir. Si certains comportements perturbateurs ou des émotions dévastatrices font surface, il est peut-être alors préférable de laisser le soin de l'accompagnement à quelqu'un d'autre et de se restreindre à de petites visites sporadiques.

Alors, qui peut accompagner quelqu'un en fin de vie ? En fait, toute personne ayant un lien affectif avec l'être cher et dotée de compassion et de générosité peut le faire. Qu'il s'agisse d'un conjoint, d'un parent, d'un membre de la famille, d'un ami ou d'une amie, de collègues de travail, d'un voisin ou d'un bénévole, l'important est de laisser les liens du cœur œuvrer. Aussi, bien qu'il soit préférable de nommer un accompagnateur désigné, plusieurs personnes peuvent assumer, en alternance, le rôle et les responsabilités de l'accompagnement.

Il faut toutefois que le principal intéressé soit en accord avec leur présence à ses côtés. En effet, certaines personnes peuvent vouloir participer au processus d'accompagnement, mais il arrive, pour diverses raisons, que la personne accompagnée en décide autrement. Parfois, ce sont les moments de la journée qui peuvent déterminer si la présence d'une certaine personne est favorable ou non. À titre d'exemple, quelqu'un de dynamique, de drôle et de volubile ne sera peut-être pas approprié tout juste après un traitement ou l'injection d'un médicament qui provoque la somnolence. Toutefois, dans un moment de déprime, son humour et son dynamisme peuvent devenir une bouée bien salvatrice pour la personne en fin de vie.

ET QUI SERA À MON CHEVET ?

Ayant été aux côtés de mon mari depuis le début, je connaissais tout de sa routine : les soins corporels à donner, la médication à surveiller, les soins à prodiguer après les traitements reçus, sans oublier l'horaire des visites des spécialistes et des médecins en soins palliatifs. Je connaissais aussi ses états d'âme, ses peurs, ses questionnements et il avait trouvé en moi une personne avec qui il pouvait partager et s'exprimer en toute confiance. Vers les derniers jours de sa vie, quelques membres de son entourage souhaitaient être plus présents à son chevet pour le soutenir et l'aider, et par la même occasion, me donner un léger répit.

Mais malgré leurs bonnes intentions, Roch éprouvait quelques résistances quand je quittais sa chambre et que d'autres étaient à ses côtés pour de longues périodes. Insécurisé, il préférait ma présence, car, disait-il, j'étais au courant de toutes ses habitudes. Certaines peurs qu'il avait, dont celle que la médication pour atténuer les douleurs lui soit donnée en retard, faisaient en sorte que ma présence le rassurait et calmait ses appréhensions.

Cependant, j'avais tout de même besoin de me réserver un peu de temps pour moi, ne serait-ce que pour aller me doucher ou prendre une petite bouchée. Nous nous sommes alors entendus pour qu'une personne de son choix soit à ses côtés pendant les périodes où je serais absente. Parmi ses proches et ses amis, certaines personnes avaient les aptitudes et les attitudes nécessaires pour être à son chevet lorsque je n'y étais pas. Ces gens ont su lui apporter un précieux réconfort. Que ce soit par leur écoute, par leur présence rassurante, par les doux souvenirs qu'ils relataient, ou par leur humour bienfaisant, chacun des aidants y mettait du sien dans l'espoir d'apporter un baume dans le cœur de celui qu'ils aimaient tant.

CATHERINE POIRIER,
Thérapeute énergétique

Lorsque l'être cher est conscient et apte à prendre des décisions par lui-même, le choix de la personne ou des personnes qui l'accompagneront lui revient de plein droit. En fin de vie, un mari peut se sentir plus à l'aise aux côtés de son épouse. Une mère choisira peut-être un de ses enfants ou une sœur tant aimée. Tandis qu'un grand-papa souhaitera peut-être avoir la présence de son petit-fils ou d'un bénévole à son chevet. Dans un cas comme dans l'autre, il importe de se rappeler que ce dont la personne en fin de vie a besoin, c'est d'un accompagnateur capable de tendresse, de soutien et avec qui il peut s'abandonner en toute confiance.

LES PRÉREQUIS D'UN BON ACCOMPAGNATEUR

De prime abord, accompagner une personne vers la mort peut paraître difficile et exigeant. Mais lorsqu'on s'engage sur cette voie le cœur ouvert, un lien exceptionnel peut se créer et l'on peut vivre de doux moments empreints de tendresse et de complicité. Toutefois, afin de demeurer entièrement présent et sensible à l'autre, il faut, autant que possible, créer un espace de paix à l'intérieur de soi. En effet, il est inutile, voire nocif, de pleurer à fendre l'âme, de crier ou de déverser son désarroi sur la personne en fin de vie ou le personnel hospitalier. Cela ne ferait qu'ajouter à sa souffrance et encourager un climat de tension néfaste pour tous. Il faut se rappeler que l'être cher en fin de vie a besoin d'un soutien aimant et d'une présence rassurante et apaisante.

Ainsi, un bon accompagnateur est capable d'empathie tout en étant à l'affût des besoins de l'autre, et ce, sans jugement ni attente. C'est de se laisser guider par des gestes aidants, des paroles réconfortantes, offrir une écoute attentive et des attentions qui apporteront joie, douceur et mieux-être. Devenir un bon accompagnateur, c'est être entièrement présent dans la simplicité et la bonté, dénué de toute appréhension pour laisser s'exprimer la sagesse du cœur.

Certes, il peut s'avérer difficile de voir l'autre souffrir, et si l'accompagnement en fin de vie est une première expérience, certains pourront douter de leur capacité à être un bon accompagnateur. Il faut bien sûr reconnaître que l'accompagnement demande des aptitudes qui ne sont pas données à tous. Bien des gens sont tout simplement incapables de voir quelqu'un souffrir et affronter la mort. Pour eux, la charge émotionnelle peut devenir alors trop grande pour le soutenir de façon adéquate dans les moments difficiles.

Il arrive aussi que certaines personnes ont tout simplement de la difficulté à se retrouver dans un hôpital, à côtoyer la maladie et elles éprouvent même un malaise à la simple vue du sang. Dans de tels cas, il ne sert à rien de se juger durement ou de se culpabiliser. Il faut seulement porter un regard juste sur ses capacités d'accompagnateurs et de prendre une décision pour le mieux-être de tous. Même si on ne peut être un accompagnateur désigné, il est tout de même possible d'effectuer de courtes visites, de prendre des nouvelles par téléphone ou d'offrir aide et soutien aux accompagnateurs désignés en leur préparant de bons petits plats. Il suffit de faire preuve d'un peu de créativité !

D'un point de vue plus technique, un accompagnateur doit avoir un moyen de transport à sa portée et se rendre disponible. Certaines personnes ont plus de temps à offrir de jour, alors que d'autres peuvent se libérer le soir ou uniquement la fin de semaine. Un consensus au sein de la famille et une bonne gestion de l'horaire éviteront bien des maux de tête et des soucis. De plus, accompagner quelqu'un en fin de vie demande une bonne organisation. L'accompagnateur désigné devra abandonner certaines tâches ménagères ou prévoir une aide supplémentaire à la maison.

Or, l'accompagnateur peut demander du soutien pour l'aide aux devoirs des enfants, pour l'entretien ménager, pour s'occuper des plantes et des animaux ou pour obtenir que des mets équilibrés et savoureux lui soient préparés. Ce filet de sûreté permettra à l'accompagnateur d'éviter l'épuisement, tout en contribuant à ce qu'il soit plus concentré sur le soutien à apporter à l'être cher.

Finalement, lorsqu'on possède cette faculté d'être un bon accompagnateur et que nous sommes habités par un amour infini pour l'être cher, être à son chevet devient un besoin irrépressible. C'est souvent dans les moments les plus difficiles de sa vie qu'on trouve en soi une force insoupçonnée. Et ces ressources que l'on découvre proviennent de l'élan naturel du cœur et sont propulsées par l'amour inconditionnel.

LES SOINS DE BASE

La personne en fin de vie perd de plus en plus son autonomie. Elle aura donc besoin d'aide pour les soins de base tels que l'alimentation, les mesures hygiéniques, le brossage de cheveux, l'habillement ou le maquillage, si la personne est une femme et tient encore à être coquette. Apporter de tels soins à sa conjointe, à son enfant, à son père, ou à sa mère lourdement diminuée demande un grand respect et une bonne dose d'humilité de la part de l'accompagnateur. Les personnes malades peuvent être pudiques, réservées, honteuses ou colériques d'être ainsi réduites à être soignées. Il faut alors beaucoup de douceur, de tendresse et de respect dans le rythme d'acceptation à être ainsi touchée par ses proches ou un bénévole. Mais lorsque de part et d'autre une confiance et un bien-être s'installent entre les deux, ces moments d'intimité peuvent donner lieu à des instants des plus magiques.

L'un des soins de base à prodiguer de façon régulière est le soulagement des inconforts physiques. En effet, le corps peut démontrer des indices d'inconfort importants selon son positionnement, s'il bouge fréquemment ou s'il est complètement trempé par la transpiration. Il importe donc d'avoir un linge humide et un linge sec à sa portée pour rafraîchir au besoin la personne en fin de vie. On peut également vérifier ses vêtements afin de s'assurer que ceux-ci ne coupent pas sa circulation sanguine. Aussi, en bougeant, les couvertures et les vêtements peuvent former un amas qui peut créer un inconfort et gêner les mouvements.

De plus, pour éviter les plaies de lit, il est recommandé de procéder de façon régulière à des changements de position. On peut alors en profiter pour offrir un doux massage afin de soulager les tensions causées par la douleur. De plus, favoriser un bon positionnement et une détente du corps facilitera la respiration, qui se trouve parfois altérée chez les personnes souffrantes et immobilisées au lit.

La sécheresse buccale est un autre symptôme d'inconfort important qui peut être ressenti en phase terminale. Il importe donc de porter une attention particulière au risque de déshydratation. Tout en faisant attention au danger d'étouffement, l'hydratation de la bouche par des compresses humides, des glaçons, un atomiseur facial ou des tampons appropriés à cette fin, procurera un soulagement indispensable à son bien-être.

Bien sûr, si l'être cher est dans un centre hospitalier ou dans un centre de soins palliatifs, il y a d'excellents préposés aux bénéficiaires qui peuvent donner les soins de base ou vous assister dans les soins à prodiguer.

LE DERNIER BAIN...

Étant infirmière retraitée, j'ai souvent accompagné des personnes en fin de vie. Mais un jour, vint le temps pour ma douce maman de quitter la terre à son tour. Dans les dernières heures de sa vie, j'ai eu le privilège d'être à son chevet et de lui donner son dernier bain avant de mourir. Loin du bain traditionnel avec des soins hygiéniques en profondeur, ce bain « au lit » fut avant tout pour moi un grand moment où j'ai pu vivre un contact privilégié avec ma mère, son corps, son essence...

À l'heure du bain, une fois que tout le matériel fut prêt, j'ai enlevé la chemise de nuit de ma mère et j'ai déposé une serviette sur sa poitrine afin de conserver sa dignité et son intimité. J'ai ensuite glissé mes mains dans l'eau chaude et tout doucement j'ai commencé à laver son visage en massant lentement et en douceur ses joues, son front et son cou. Je la regardais avec amour et ce contact peau à peau favorisait une proximité inexplicable... Je me sentais si proche, j'étais en quelque sorte unie à elle... Pour la rassurer, je lui disais : *« C'est moi, maman, c'est Carole... je lave maintenant ton beau visage... »* Tendrement, elle me regardait et elle se laissait baigner en toute confiance...

Je réchauffais le savon liquide pour son confort et je lavais ainsi chacune des parties de son corps avec le plus grand respect. Au rythme de sa respiration, je lavais son corps épuisé, j'épongeais en douceur, je rassurais tendrement et je l'aimais plus que tout...

À la fin du bain, alors que je l'habillais d'une chemise de nuit toute chaude, j'ai ressenti une agréable sensation d'accomplissement, un sentiment d'offrande et de gratitude envers la mère, la femme et la personne qui m'avait donné la vie.

Entrecoupé de moments tendres, de confidences et de silences remplis de sa présence et de son amour, ce bain m'avait unie à ma mère comme jamais auparavant. Et depuis, donner le dernier bain avant d'entreprendre le grand voyage demeure pour moi le plus grand hommage qu'une fille puisse rendre à sa mère.

CAROLE CHARLEBOIS,
Infirmière

SOINS CORPORELS ET SOINS ÉNERGÉTIQUES

Lorsque l'être cher a besoin d'un peu de tendresse, de se faire dorloter ou de rehausser ses énergies, les soins corporels proposent une panoplie de traitements des plus agréables à recevoir. En effet, donner des douceurs à un corps malade est un magnifique cadeau à offrir à une personne en fin de vie.

Tout comme les soins corporels, il existe plusieurs soins énergétiques qui peuvent contribuer à soulager les tensions et à procurer un mieux-être. Non seulement les soins énergétiques peuvent harmoniser les corps d'énergie[1], mais ceux-ci permettent également de faire une « lecture » du champ subtil de la personne afin de connaître sa condition énergétique et de l'aider, s'il y a lieu.

Pour en savoir davantage sur les soins corporels et les soins énergétiques pouvant être prodigués, veuillez vous reporter à la section « *Aide supplémentaire* »[2] à la fin de ce livre.

HARMONISATION ÉNERGÉTIQUE DES LIEUX

Il est normal, lors d'un accompagnement, d'être aux prises avec des émotions perturbantes pouvant être difficiles à gérer. La peur de mourir pour certains, la peur de perdre l'être cher pour d'autres, la peur de souffrir ou de voir souffrir, les regrets, les culpabilités, les non-dits, les déceptions, les remords et les profonds chagrins sont des émotions vécues qui génèrent une lourdeur énergétique en soi et dans l'environnement. Ceci étant dit, il est tout à fait naturel de vivre des émotions bouleversantes à l'approche du décès et rien ne sert de culpabiliser. Cela ne ferait qu'amplifier notre état d'âme chagriné.

---

1. La notion des corps énergétiques est davantage abordée à la page 75.
2. La section « Aide supplémentaire » se trouve à la page 203.

L'AFFAISSEMENT DU CORPS ÉTHÉRIQUE

Pour aider mon mari à bien intégrer l'énergie des traitements de reiki que je lui faisais, je demandai à ma cousine et à son mari d'intervenir à distance pour purifier et harmoniser ses corps d'énergie. Un matin, alors que ma cousine me téléphona pour me donner le compte rendu de l'intervention énergétique qu'ils avaient effectuée, elle m'expliqua qu'ils avaient constaté que le corps éthérique[3] de Roch était affaissé sur son corps physique.

Dans la réalité et le quotidien de mon mari, cela se traduisait par une sensation intense de manquer d'air et d'espace. Les jours précédant l'intervention énergétique, j'avais effectivement constaté une nervosité grandissante et un réel malaise chez mon mari. L'anxiété était telle qu'il ne se laissait plus approcher par ses proches. À l'exception du personnel infirmier, j'étais la seule à pouvoir l'apaiser lorsqu'il était agité. Lui qui avait toujours été de nature calme et posée, cette soudaine impatience me bouleversait et me troublait.

Dans ses moments d'agitation, il nous exhortait à respecter sa bulle en gardant nos distances. Il ne tolérait qu'une personne à la fois dans sa chambre d'hôpital, et à moins d'un avis contraire, nous avions intérêt à ne pas nous rapprocher trop près de lui. Nous marchions donc constamment sur des œufs ! Je me souviens avoir pensé que cette impression de manquer d'air et d'espace était peut-être attribuable à un déséquilibre énergétique. Alors, après avoir discuté avec ma cousine, j'ai tout de suite compris que son comportement et ses malaises avaient été provoqués par l'affaissement du corps éthérique sur son corps physique.

Heureusement, peu de temps après l'intervention énergétique de ma cousine et de son mari, les sensations d'étouffement se résorbèrent et il alla beaucoup mieux.

CATHERINE POIRIER,
Thérapeute énergétique

---

3. Le corps éthérique, situé à environ 15 cm du corps physique, est l'un des 7 corps subtils de l'être humain. Considéré comme le double du corps physique, il a pour fonction d'unifier celui-ci et de l'alimenter en énergie vitale.

Cependant, lors de ce passage difficile, il est possible d'alléger les énergies ambiantes dans l'environnement de la personne en fin de vie. Que ce soit à la maison, dans une chambre d'hôpital ou dans un centre de soins palliatifs, les éléments nommés ci-dessous peuvent s'avérer fort utiles pour assainir les énergies lourdes.

- **La lampe en sélénite**

La lumière blanche diffusée par une lampe en sélénite procure un apaisement et invite au repos. Elle permet d'accéder à la conscience angélique et crée une atmosphère propice à la réflexion et à la méditation.

Dans une pièce de la maison ou une chambre d'hôpital, cette lampe assure une ambiance sereine et peut également servir à créer un réseau protecteur afin d'instaurer un espace de tranquillité apaisant et harmonieux.

- **La lampe en cristal de sel de l'Himalaya**

Étant un ioniseur naturel, la lampe en cristal de sel de l'Himalaya produit et émet des ions négatifs qui assainissent les énergies lourdes et purifient l'air ambiant. Utilisée comme veilleuse ou lampe de chevet, sa lumière chaleureuse procure un sentiment de bien-être et de réconfort. En plus des ions négatifs émis par la lampe, celle-ci offre une douce et subtile lueur lorsqu'elle est utilisée comme lampe de chevet. Plaisante pour les yeux, l'esprit et l'âme, cette luminosité contribue ainsi à créer une ambiance feutrée des plus agréables et paisibles.

- **La sauge blanche**

La technique de purification, que l'on nomme communément la «*fumigation par la sauge*[4]», consiste à purifier les énergies des lieux, des personnes et des objets. Les nations

4. Anick Lapratte et Catherine Poirier, *Se libérer des âmes errantes*, Le Dauphin Blanc, 2008.

amérindiennes de l'Amérique du Nord, ainsi que les divers peuples chamanistes à travers la planète, utilisent cette méthode de purification depuis fort longtemps. La purification du corps, de l'esprit et de l'âme est une façon pour eux de retrouver l'équilibre spirituel en évacuant les énergies lourdes. Le rituel de purification par la sauge est aussi pratiqué par ces peuples lors du passage de la mort. Il s'applique dans le respect et l'amour pour l'âme en élévation, magnifiant ainsi sa traversée.

Le rituel de purification par la fumigation consiste à faire brûler des feuilles de sauge séchée et à disperser sa fumée dans l'environnement immédiat, dans le but d'harmoniser l'énergie ambiante. Par la fumée qu'elle produit en se consumant, la sauge agit comme agent purificateur qui transforme l'énergie négative en une belle énergie épurée.

Ainsi, pendant l'accompagnement, il est possible de purifier la pièce où se trouve la personne en fin de vie. Le rituel permettra de purifier également les énergies dégagées par les souffrances physiques, psychologiques et émotionnelles de l'être cher et de ses proches. Cependant, il n'est pas recommandé de procéder à la purification par la sauge dans une chambre d'hôpital ou une chambre située dans un centre de soins palliatifs. La fumée dégagée par la sauge pourrait alors déclencher les systèmes de sécurité pour le feu et cela n'est certainement pas souhaitable. Dans ces lieux, il est préférable d'utiliser de l'encens liquide purifiant. Sous forme de vaporisateur, c'est tout aussi efficace et son odeur est fort agréable.

- **L'encens liquide purifiant**

L'encens liquide purifiant est un excellent choix lorsqu'il s'avère impossible de faire brûler des feuilles de sauge blanche séchées. Tout aussi efficace pour purifier notre champ énergétique, nos chakras ou notre environnement, l'encens liquide purifiant est de plus en plus employé par divers intervenants.

« L'encens liquide est encodé par un procédé issu des traditions médicinales amérindiennes dont les intentions permettent de créer une ambiance propice au mieux-être, à l'inspiration, à la purification, à la protection, et ce, dans le respect de tous les êtres. »[5]

On retrouve quelques variétés d'encens liquide sur le marché, dont *Esprit amérindien*[6] et *Invocation.*[7]

- **Harmonisation énergétique à faire par soi-même**

Il est tout à fait possible, lorsque nous en éprouvons le désir, de procéder soi-même à l'harmonisation énergétique d'un lieu. Le cœur est une source inépuisable d'amour propice à l'épuration des énergies ambiantes. Une fois bien centrées et reliées à l'énergie divine, les intentions de purification, d'harmonie et de paix créeront alors l'harmonisation souhaitée. Évidemment, pour procéder à une harmonisation énergétique, il est recommandé d'être dans un état d'esprit positif et d'humeur agréable. Il est également souhaitable d'avoir de belles énergies élevées. Des conditions de grande fatigue ou de troubles émotionnels ne feraient qu'aggraver les énergies lourdes déjà en place.

Voici donc un exercice de purification par la lumière vous permettant d'harmoniser les énergies d'un lieu. L'exercice suivant peut s'effectuer sur place, tout comme il peut se faire à distance. Lorsqu'on procède à la purification, il est préférable de choisir un moment de la journée où le va-et-vient du corps médical et des visiteurs est à son minimum. Pour maximiser les effets recherchés par un exercice d'harmonisation, il est recommandé de procéder tôt en matinée ou plus tard en fin de soirée.

---

5. http://www.invocation.ca/cms/pages/francais/accueil.php.
6. http://www.eartheagle.com/index.php.
7. http://www.invocation.ca/cms/pages/francais/accueil.php.

LA PURIFICATION PAR LA LUMIÈRE

Après avoir pris quelques profondes respirations pour bien vous détendre et vous centrer à l'intérieur de votre corps, prêtez attention à votre chakra du cœur qui est situé au centre de votre poitrine. Prenez le temps de ressentir sa vibration... L'amour que vous portez en votre cœur est grand, laissez-le imprégner chacune des cellules de votre corps physique, et petit à petit, laissez cette belle énergie imprégner également votre champ énergétique et tout l'espace qui vous entoure...

Prenez le temps de baigner dans ces énergies de bien-être et d'amour... Quand vous êtes prêt, faites appel à votre guide spirituel pour demander son assistance tout au long de l'harmonisation énergétique... Puis, prenez une autre profonde inspiration et amorcez l'harmonisation énergétique du lieu...

Les yeux fermés, visualisez-vous au centre de la pièce où se trouve l'être cher en fin de vie. Puis, lorsque vous êtes prêt, exprimez à voix haute (ou intérieurement) la prière suivante :

Par ma présence et mon amour, je demande aux énergies de tristesse, de peur, de douleur et d'angoisse de quitter immédiatement les lieux. Je demande à l'énergie d'amour, à Dieu, aux anges et aux archanges de purifier le lieu et d'y apporter une saine protection.

Lorsque vous sentez que les énergies lourdes ont quitté l'espace, vous pouvez poursuivre l'exercice en faisant les demandes suivantes...

Devant moi, je demande la présence purifiante de l'archange Raphaël.

À la suite de la demande, voyez une colonne de lumière verte prendre place dans l'espace devant vous.

Derrière moi, je demande la présence inspirante de l'archange Gabriel.

Après avoir fait cette demande, voyez une colonne de lumière jaune prendre place dans l'espace derrière vous.

À ma droite, je demande la présence protectrice de l'archange Michaël.

À la suite de la demande, voyez une colonne de lumière bleue prendre place dans l'espace à votre droite.

À ma gauche, je demande la présence rassurante de l'archange Uriel.

La demande effectuée, voyez une colonne de lumière rouge prendre place dans l'espace à votre gauche.

Sous moi, je demande la présence sacrée de l'archange Sandalphon.

Voyez alors une colonne de lumière orange prendre place dans l'espace sous vos pieds, pour donner suite à votre demande.

Au-dessus de moi, je demande la présence bienveillante de l'archange Métatron.

À la suite à la demande, voyez une colonne de lumière violette prendre place dans l'espace au-dessus de vous.

En ce lieu, je demande la présence de la lumière-amour éternelle du Créateur.

Puis, voyez une colonne de lumière blanche prendre tout l'espace afin de purifier et d'harmoniser votre environnement pour répondre à votre demande.

Exprimez ensuite votre gratitude au divin et à la lumière-amour pour leur soutien et leur protection constante. Prenez le temps de vous remercier également puisque par votre intention, vous avez contribué à améliorer les énergies où se trouve la personne en fin de vie.

Finalement, prenez trois bonnes inspirations et revenez tout en douceur dans votre corps physique. Ouvrez les yeux et procédez à quelques étirements.

RASSURER ET APAISER LA PERSONNE EN FIN DE VIE

Nombreuses sont les raisons qui peuvent perturber une personne en fin de vie. Certaines ont peur de souffrir et de mourir, alors que d'autres se questionnent sur l'évolution de la maladie et des traitements en cours. Certains jours sont propices à la mélancolie et ces dernières peuvent s'inquiéter du sort de ceux qu'elles laissent derrière.

Dans ces moments d'inquiétudes et de peurs, l'être cher aura certainement besoin d'être rassuré et apaisé. On dit qu'il est parfois pire d'imaginer divers scénarios que d'affronter la réalité. Il peut donc être rassurant de connaître l'horaire des soins, les effets secondaires des traitements, la progression de la maladie ou les étapes conduisant au dernier souffle.

Toutefois, ce ne sont pas toutes les personnes qui désirent connaître les moindres détails. Certaines seraient même davantage angoissées si elles savaient tout ce qui les attend. Dans un tel cas, un regard aimant, un sourire tendre, une oreille attentive, une main délicatement posée sur son cœur ou sur sa main, une mélodie fredonnée tout doucement à son oreille sont des exemples de petites attentions remplies d'amour qui peuvent apaiser l'être cher quand la tristesse, l'angoisse ou les doutes surgissent.

Ainsi, une présence bienveillante et une écoute active, tout en évitant de juger et de minimiser ses inquiétudes, seront une grande source de réconfort pour la personne en fin de vie. Reformuler ses questionnements est aussi une belle façon de l'amener à réfléchir et à répondre à ses propres interrogations. Lorsque le mental se laisse envahir par de multiples scénarios et par la peur, une autre bonne façon d'enrayer la roue des inquiétudes est de rire un bon coup. En raison de leur humour, leur nature enjouée et positive, certains accompagnateurs ont cette capacité inouïe de désamorcer une situation et de faire rapidement tomber la pression.

Chaque personne en fin de vie a une personnalité et des expériences de vie qui lui sont propres. Chacune cheminera alors avec ses propres problématiques et ses craintes par rapport à la mort ou à ce qu'elle laisse derrière elle. Il est donc important d'accueillir l'être cher dans ce qu'il est et ce qu'il vit sans faire de suppositions sur la manière idéale de gérer ses émotions.

Il convient davantage d'être attentif à ses besoins, à ses pensées et à ses sentiments pour ainsi lui offrir un soutien lui permettant d'être plus calme et apaisé.

TEMPS DE SOLITUDE : INTÉRIORISATION ET MÉDITATION

En plus de recevoir les visiteurs, la personne en fin de vie est habituellement entourée par la présence du corps médical, de sa famille et de l'accompagnateur désigné. Et à la fin de la journée, c'est souvent épuisée qu'elle ira trouver le repos dans les bras de Morphée.

Il est vrai qu'il est bénéfique d'être bien entourée et de ressentir un soutien enveloppant tout au long de l'accompagnement. Cependant, une chose tout aussi essentielle dont elle peut également avoir besoin, c'est de s'accorder des temps de solitude pour écouter le silence, réfléchir ou méditer. Nous l'oublions souvent, mais ces moments sont importants pour une personne au seuil de la mort. Ils lui permettent de faire le vide dans son esprit, de faire le point sur sa vie, de réfléchir à ce qu'elle souhaiterait dire à ses proches ou l'aident à faire la paix avec certaines situations qui la tourmenteraient encore.

À l'abri des bavardages incessants, la personne en fin de vie peut ainsi faire un voyage intérieur pour découvrir tout ce qui l'habite. C'est une belle occasion de se rencontrer soi-même, de prier, de se reconnecter à l'essentiel, à l'amour et au divin qui l'interpelle.

Tout comme les moments d'intériorisation et de silence sont nécessaires parce que propices à l'exploration de son être, la méditation guidée peut, elle aussi, apporter des bienfaits estimables au cœur, au corps et à l'esprit. La méditation guidée est un excellent outil pour nous conduire dans les profondeurs de notre être et pour nous centrer sur la vibration du cœur.

Bien qu'il y ait toute une variété de méditations guidées offertes sur le marché, il est préférable, lorsque la personne aborde la fin de vie, de choisir des méditations qui favorisent la détente du corps physique et du mental. En effet, à cette étape, il serait illusoire de choisir des méditations servant la guérison. Toutefois, il existe de belles méditations axées sur la guérison de l'âme et du cœur pour faciliter le lâcher-prise et le détachement.

NE PAS DÉRANGER, JE MÉDITE !

Durant les dernières semaines de sa vie, mon mari avait pris l'habitude de se réserver des moments seul avec lui-même pour écouter son disque de méditation préféré. De sa main d'artiste, il avait créé une affiche qu'il avait soigneusement apposée sur la porte de sa chambre pour aviser les visiteurs et le personnel médical de ne pas le déranger pendant sa séance de méditation. Durant ce temps de qualité avec lui-même, mon mari se laissait porter par les vibrations de la musique et les consignes chaleureusement guidées. Et après chacune de ces séances, je le retrouvais plus serein, plus calme et plus détendu.

Isabelle Ladouceur,
Esthéticienne

Souvent, c'est aussi dans les moments de solitude et d'intériorisation que l'être cher prend réellement conscience que la fin est imminente. Et ces prises de conscience sont essentielles pour que s'amorce un processus d'acceptation dans son cheminement vers la mort.

ACCEPTER LA MORT

« *Accepter la mort.* » Seulement trois petits mots, mais ô combien lourds de sens ! Aller vers la mort n'est certes pas facile. En effet, cheminer vers l'acception de la mort nous fait sortir des sentiers battus et cela demande un réel lâcher-prise et une humilité hors du commun. Certains y arriveront plus aisément et dans la sérénité, alors que d'autres vont résister jusqu'à la toute fin. Les tendances actuelles favorisant la combativité et l'éternel positivisme contribuent sans doute à un certain acharnement et mettent assurément en péril le processus d'acceptation de la mort.

Quoiqu'il soit fort bénéfique de combattre et de cultiver l'espoir pour affronter la maladie, il est tout aussi important, à un moment ou à un autre, de déposer les armes et de reconnaître que la fin est imminente.

Je ne parle pas ici de se résigner, de se soumettre ou encore d'obtempérer devant ce qui s'avère l'inévitable. Car la soumission, ce n'est pas de l'acceptation. Renoncer à la vie et se soumettre à la mort, c'est nourrir un sentiment d'échec et c'est avoir l'impression d'avoir « perdu » la bataille contre la maladie. Pourtant, les notions de gagnant-perdant ne peuvent que rendre las et démuni vis-à-vis de la mort. Et quand on délaisse ces notions, l'acceptation peut tranquillement s'installer.

Mais puisque l'acceptation de la mort est un cheminement unique pour chacun, elle ne peut être bousculée ni imposée par autrui. On peut cependant accompagner la personne en fin de vie par une présence aimante et une écoute attentive lorsque celle-ci souhaite parler de sa mort ou de la mort en général. L'une, plus timide ou réservée, abordera le sujet très brièvement ou fera, de temps à autre, de petites allusions à son départ imminent. Il est important de ne pas minimiser ses allégations et d'accueillir avec respect et ouverture ce qu'elle désire partager. Plus elle se sentira accueillie dans ses propos concernant la mort, plus elle pourra l'accepter et s'y préparer.

Accepter la mort, c'est accepter de faire la paix avec sa vie. C'est aussi admettre que le bonheur de nos proches ne dépende pas que de nous. C'est leur remettre leurs responsabilités et leur autonomie dans la confiance absolue qu'ils pourront, malgré la peine, continuer à vivre et à aimer la vie. Accepter la mort, c'est reconnaître que les choses changent, que les liens se transforment et que malgré l'absence qui se prépare, l'amour qui se vit ici et maintenant survivra et servira bien au-delà du trépas.

L'exercice suivant a été créé pour toute personne en fin de vie qui éprouve des résistances vis-à-vis de la mort. Même s'il peut s'avérer difficile d'accepter l'inévitable, le déni, la peur et le « focus » sur la perte et la tristesse ne feront qu'aggraver la résistance au grand départ. Et même au cœur des tumultes du deuil, il est encore possible de porter un regard différent sur la mort, pour que l'amour et la joie des retrouvailles célestes puissent commencer à se frayer un chemin vers l'acceptation.

Cet exercice permet donc d'entamer un processus de transformation des liens, d'intégrer l'énergie divine et de se préparer à l'accueil céleste qui lui est réservé. Pour les personnes qui éprouvent de grandes difficultés à accepter la mort, il peut s'avérer nécessaire de répéter l'exercice plus d'une fois. Comme cette méditation guidée comporte trois éléments, elle peut être effectuée en totalité ou en partie. Et même s'il est suggéré de la faire dans l'ordre proposé, il importe de respecter le rythme et les besoins de la personne en fin de vie.

PROCESSUS DE TRANSFORMATION DES LIENS, D'INTÉGRATION DE LA LUMIÈRE-AMOUR ET DE PRÉPARATION À L'ACCUEIL CÉLESTE

Installez-vous confortablement, fermez les yeux et prenez quelques profondes inspirations pour bien vous détendre et vous centrer à l'intérieur de votre corps... Prêtez ensuite attention à votre chakra du cœur qui est situé au centre de votre poitrine. Prenez le temps de ressentir sa vibration... L'amour que vous portez en votre cœur est grand, laissez-le imprégner chacune des cellules de votre corps physique, et petit à petit, laissez cette belle énergie imprégner également votre champ énergétique et tout l'espace qui vous entoure... Prenez le temps de baigner dans ces énergies de bien-être et d'amour...

Quand vous êtes prêt, faites appel à votre guide spirituel pour vous accompagner tout au long de l'exercice... Prenez le temps de l'accueillir...

Puis, les yeux fermés, visualisez un bel ascenseur tout doré ouvrant grandes ses portes. Lorsque vous êtes prêt, dirigez-vous vers l'ascenseur, prenez place et appuyez sur le commutateur pour descendre au sous-sol. Lorsque vous y êtes, sortez de l'ascenseur et dirigez-vous vers le salon joliment décoré qui est situé à proximité. Dans cette pièce, deux fauteuils sont placés l'un en face de l'autre. Prenez le temps de vous asseoir confortablement, puis continuez à vous détendre...

Lorsque vous êtes prêt, invitez une personne de votre choix à venir se joindre à vous. Ça peut être votre épouse, votre ami, votre enfant, un parent ou un collègue... Laissez votre cœur dicter votre choix...

Lorsque la personne demandée arrivera, prenez le temps de bien l'accueillir et de l'inviter à s'asseoir dans le fauteuil tout près de vous. Lorsque vous vous sentirez prêt, ouvrez-lui votre cœur en lui faisant part de la raison pour laquelle vous êtes réunis en ce lieu. Ne vous censurez pas et ne vous jugez surtout pas. Laissez simplement couler les mots comme ils viennent...

Profitez de ce temps de rencontre pour exprimer vos joies, vos colères, votre peine ou votre reconnaissance... Vous pouvez aussi rassurer cette personne sur votre départ. Vous pouvez lui dire que vous avez confiance que tout ira bien, tant pour elle que pour vous. Que malgré la douleur de vous voir partir, elle a droit au bonheur et votre souhait le plus cher est de la voir heureuse et épanouie. Que vous serez là pour elle et vous savez qu'elle vous portera également dans son cœur...

Si des émotions font surface, contemplez-les et laissez-les être tout simplement, et ce, sans jugement. Les larmes sont purificatrices et peuvent emporter avec elles la peine et le chagrin de devoir dire au revoir... Lorsque tout a été dit et que la rencontre peut prendre fin, prenez le temps de remercier cette personne pour sa présence, son écoute et son accueil. Puis, prenez-la dans vos bras et laissez l'amour qui vous unit vous envelopper tendrement. Invitez-la ensuite à retourner auprès des siens...

Après son départ, alors que vous serez à nouveau seul dans la pièce, prenez un moment pour vous féliciter de votre courage et pour avoir entrepris un processus de transformation des liens avec une personne aimée. Si le cœur vous en dit, invitez une autre personne à se joindre à vous ou passez à la prochaine étape...

Lorsque vous êtes prêt à quitter le salon, prenez trois bonnes inspirations et dirigez-vous à nouveau vers l'ascenseur. Prenez place et appuyez sur le commutateur pour monter au rez-de-chaussée. Lorsque vous y êtes, sortez de l'ascenseur et dirigez-vous vers une pièce à proximité. En entrant, vous découvrez un joli salon chaleureux, baigné d'une douce lumière réconfortante et sécurisante. Devant vous, un douillet et magnifique divan vous attend...

Prenez le temps de vous asseoir et continuez à vous détendre... Confortablement installé, vous êtes maintenant prêt à intégrer l'énergie divine en vous. Portez votre attention à votre chakra coronal situé au sommet de votre tête. Pour vous aider à imager ce chakra, vous pouvez visualiser une magnifique fleur blanche se tenant au-dessus de votre tête et déployant ses pétales vers l'Univers... Ensuite, lorsque vous êtes prêt, visualisez une colonne de lumière blanche descendre de l'Univers et pénétrer tout doucement dans votre corps par votre chakra coronal...

Puis, à l'aide de votre respiration, inspirez lentement et profondément la lumière en vous. Laissez la lumière, cette douce énergie divine, s'écouler tout en douceur dans votre tête... dans votre gorge... puis dans votre cœur pour l'en imprégner complètement...

Prenez un moment pour ressentir la vibration de votre cœur qui baigne dans ce flot de lumière-amour qui vous apaise et vous réconforte... Laissez maintenant la lumière se répandre dans votre abdomen... dans vos jambes et dans vos pieds... L'amour que vous portez en vous est grand, laissez-le imprégner chacune des cellules de votre corps et petit à petit, laissez cette belle énergie qui vous habite se répandre dans votre champ énergétique et dans tout l'espace qui vous entoure... Vous n'êtes plus qu'amour et lumière divine...

Ainsi imprégné de cette lumière-amour, prenez trois bonnes inspirations et lorsque vous êtes prêt, dirigez-vous à nouveau vers l'ascenseur. Prenez place et appuyez sur le commutateur pour monter à l'étage supérieur. Lorsque vous y êtes, sortez de l'ascenseur et dirigez-vous vers une pièce à proximité. En entrant, vous découvrez un vaste salon aux couleurs chatoyantes. Vous pouvez voir, au fond de la pièce, une magnifique porte céleste blanche et dorée... Derrière cette porte se trouvent un ou plusieurs êtres chers décédés désirant venir à votre rencontre.

Lorsque vous êtes prêt, ouvrez la porte et accueillez avec joie et amour ceux que vous aimeriez voir lors de votre passage au moment du décès. Profitez de ce moment pour vous imprégner totalement de l'amour de vos proches décédés. Goûtez ce moment de pur bonheur qu'est la joie des retrouvailles. Vous pouvez échanger sur divers sujets et poser des questions sur la transition et le monde de l'au-delà... Laissez votre cœur et votre âme dicter la rencontre et imprégnez-vous des douces énergies de bien-être et d'amour...

Puis, lorsque vous pensez que la rencontre peut prendre fin, prenez le temps de remercier chacun des êtres chers pour leur présence et leur accueil... Et du centre de votre cœur, dirigez vers eux de belles énergies d'amour et invitez-les à retourner dans leur lumière...

Après leur départ, alors que vous serez à nouveau seul dans cette vaste pièce remplie de lumière et d'amour, prenez un moment pour vous féliciter de votre courage et pour avoir entrepris cette rencontre avec vos proches qui vous accueilleront au moment de la transition. Remerciez également votre guide spirituel pour son précieux soutien et son amour constant...

Puis, lorsque vous êtes prêt, dirigez-vous vers l'ascenseur, prenez place et appuyez sur le commutateur pour retourner à l'étage où se trouve votre chambre actuelle. Prenez trois bonnes inspirations et revenez tout en douceur dans votre corps physique. Ouvrez les yeux et procédez à quelques étirements.

LES SERVICES FUNÉRAIRES DÉSIRÉS

Avec l'acceptation de la mort vient la réalité incontournable de la prise en charge des préparatifs entourant le décès. Quoiqu'il soit nettement favorable de voir à l'organisation des « préarrangements funéraires » bien avant de se retrouver au seuil de la mort, il arrive que certaines personnes doivent affronter cette réalité dans les dernières semaines de leur vie.

Certes, il n'est pas toujours facile d'aborder un tel sujet. Souvent, même les proches répugnent à l'idée d'entamer la conversation sur les rituels funéraires désirés, de peur de froisser l'être cher ou même de devancer sa mort. Rassurez-vous ! Loin de provoquer une fatalité, une conversation franche permettra plutôt de réfléchir sur la question et de prendre en charge, s'il le désire, les dispositions nécessaires pour que les funérailles se déroulent dans l'harmonie pour tous.

En fait, tout comme un testament clair et sans équivoque assure une paix d'esprit à l'être cher et à ses proches, planifier ses rituels funéraires permettra de mettre en lumière ses dernières volontés. Ainsi, lorsqu'il y a déjà des tensions dans la famille, le risque de dispute concernant le lieu, les coûts et les dispositions relatifs aux services funéraires s'en trouvera résorbé.

Une des grandes questions en lien avec la planification des services funéraires concerne la disposition du corps après le décès. Pour certains, après le décès, le corps n'a plus son importance et ce qu'on en fera importe peu. Pour d'autres, il est primordial de respecter les us et coutumes des funérailles traditionnelles en procédant à l'inhumation auprès d'un conjoint ou d'un membre de la famille. À l'opposé, par peur qu'on l'oublie au fond d'un cimetière, certains vont préférer opter pour la crémation et la disposition des cendres dans un endroit choisi. Prendre le temps de réfléchir au degré d'importance que revêt notre corps après le décès permet sans aucun doute d'installer les bases pour une planification funéraire correspondant à ses valeurs et à son image.

Pour aider la personne en fin de vie et ses proches à poursuivre la réflexion sur les services funéraires désirés, voici quelques pistes de réflexion :

- **Disposition du corps** : Est-ce que l'être cher désire la crémation ou l'inhumation ?
- **Service funéraire** : Est-ce que le service funéraire aura lieu dans un funérarium ? Une église ? Ou un terrain privé ?
- **Disposition des cendres dans le cas d'une crémation** : Est-ce que l'être cher désire une préservation des cendres dans une urne ou une dispersion des cendres dans la nature ? (Les lois concernant la dispersion des cendres dans la nature changent d'un pays à l'autre et d'une province à l'autre. Il importe donc de s'assurer que cette option n'interfère pas avec les lois en vigueur.[8])
- **Disposition de l'urne** : Est-ce que l'être cher désire que l'urne soit inhumée dans une sépulture ou déposée dans une case de columbarium ? Est-ce que l'être cher préfère que l'urne soit conservée dans une propriété privée ? (Cette dernière option implique également de s'assurer qu'elle n'interfère pas avec les lois en vigueur.)
- **Exposition, visite et veillée** : Est-ce que l'être cher désire que son corps soit exposé ? Si oui, combien de jours ou combien d'heures ? Est-ce qu'il y aura présence du corps ? Est-ce que le cercueil sera ouvert ou non ?

---

8. http://agora.qc.ca/thematiques/mort/dossiers/dispositions_relatives_a_la_destination_des_cendres_apres_la_cremation.

Est-ce que l'être cher préfère une veillée en présence de l'urne ? Est-ce qu'il n'y aura qu'une photo ? Est-ce qu'il y aura des lectures ou des prières ?

- **Implication de l'être cher** : Est-ce que l'être cher désire participer aux préparatifs du déroulement de sa cérémonie ? Est-ce qu'il désire choisir les photos ? Choisir les musiques ? Choisir des textes bibliques ? Est-ce qu'il désire écrire un petit mot ou un poème qui sera lu par un proche ? Est-ce qu'il désire exposer un talent telle une toile qui sera dévoilée ? Composer une musique ou enregistrer une chanson qui sera écoutée ?
- **Types de cérémonie** : Est-ce que l'être cher désire une cérémonie à grand déploiement ou une cérémonie plus intime (location de salle, fleurs, repas, orchestre, décoration, etc.) ?
- **Budget** : Est-ce que les dernières volontés correspondent au budget disponible ?

Aussi, il convient pour la personne en fin de vie de porter également sa réflexion sur les conséquences de ses choix sur ses proches. En effet, alors qu'une certaine décision pourrait aller de soi pour l'être cher, cela pourrait parfois engendrer des conséquences néfastes pour les proches laissés derrière lui ou elle. Par exemple, s'il opte pour la crémation et désire que l'urne soit déposée à la vue de tous au chalet familial, il n'est pas garanti qu'il soit bénéfique pour tout le monde d'être en présence des cendres du défunt ou de la défunte. Certains membres de la famille pourraient éprouver un grand malaise ou des difficultés à faire leur deuil.

En outre, même si un grand-papa éprouve un profond attachement pour son petit-fils, de lui imposer une lecture pastorale ou le port du cercueil à l'église, pourrait lui occasionner un traumatisme bien involontaire si celui-ci n'en ressent pas la force. L'idée ici n'est pas de semer le doute ou de restreindre les demandes. La plupart des gens vont répondre d'emblée aux dernières volontés et le feront avec respect et amour. Il s'agit seulement d'apporter à l'attention de la personne en fin de vie qu'il importe de considérer les capacités de ses proches à gérer ses désirs et ses demandes concernant ses dernières volontés.

Qu'il s'agisse de crémation ou d'inhumation, d'un service funéraire en grande pompe ou plus intime, quand l'amour est au cœur des décisions, les rituels funéraires peuvent alors accomplir leur réelle mission : celle de rendre hommage à la personne tant aimée et à l'héritage qu'elle a laissé dans le cœur de chacun.

LE BILAN DE VIE

Accueillir la mort implique de quitter une vie d'accomplissement ou de renoncement. Que la vie ait été bonne et douce, qu'elle nous ait comblé de bonheur ou au contraire, qu'elle ait été remplie de difficultés, de regrets ou d'amertume, l'heure est souvent au bilan. Certaines personnes feront un bilan plus que satisfaisant, alors que d'autres, accablées par des regrets et des échecs, seront en quête de quiétude et d'émancipation. En effet, il n'est pas donné à tous de mourir en toute quiétude et dans la paix du cœur.

Mais certaines personnes y arrivent très bien lorsqu'elles ont jalonné les chemins du pardon, du détachement et de l'acceptation des épreuves au cours de leur vie.

De fait, une personne en paix pourra se remémorer de doux souvenirs et portera un regard positif sur sa vie et même sur la société et son évolution. Sous une pluie de confidences et d'amour, elle relatera ses bons coups et pourra même léguer de belles valeurs et prodiguer de précieux conseils. Mais si un travail sur soi n'a pas été accompli, il en faudra peu à la personne pour se construire un mur de déni, de peur ou de doutes devant son propre bilan.

Comment peut-on alors soutenir un être cher qui fait face à autant d'écueils ? D'abord, nul ne peut franchir le passage tissé par l'autre. On ne peut souffrir à sa place, prendre sa peine ou ses inquiétudes sur nos épaules. À l'heure des bilans, plusieurs accompagnateurs se demandent ce qu'il faut dire et ce qu'il faut faire. À prime abord, il n'y a pas de paroles magiques. Il faut être là tout simplement, sans jugement ni contrôle, et pratiquer l'écoute active. En effet, on peut poser des questions sur ce qui le préoccupe et le faire parler sur les émotions qu'il ressent. La reformulation des propos émis par l'être cher est également une belle technique pour mettre en lumière les émotions et les pensées qui l'habitent. Si la personne persiste à parler de ses regrets, écoutez-la attentivement et invitez-la à faire les pardons nécessaires.

Lors d'un bilan de vie, il est courant que l'être cher puisse ressentir le besoin d'accorder son pardon à quelqu'un ou inversement, éprouver le désir de demander lui-même pardon à un proche. C'est merveilleux lorsque les parties prenantes sont favorables à une réconciliation avant le grand départ, car l'être cher partira le cœur plus léger et en paix.

Toutefois, il arrive pour diverses raisons qu'une rencontre à cet effet soit tout à fait impossible. Dans un tel cas, il convient alors d'en aviser l'être cher et de l'inviter à s'exprimer sur la situation afin qu'il puisse offrir son pardon, d'abord et avant tout à lui-même. En effet, si agréable que puisse être le fait d'entendre quelqu'un dire « *je te pardonne* », le vrai pardon est octroyé uniquement lorsqu'on se l'accorde à soi-même. Accepter que l'on ait souffert, arrêter de se blâmer et sortir du rôle de

« victime », voilà des conditions gagnantes pour conduire à la réelle paix de l'âme et de l'esprit.

On retrouve aussi chez certaines personnes, surtout chez les gens plus âgés, une certaine gêne à se dévoiler et à exprimer leurs émotions. Étant conditionnés à contrôler leurs émotions pour être « socialement corrects », il peut être plus difficile pour eux de laisser libre cours à des colères ou à de grands chagrins relatifs à des échecs ou à des conflits.

Dans un tel cas, on peut inviter la personne à tenir un journal intime ou à écrire une lettre aux gens à qui elle voudrait s'adresser. L'écriture est un merveilleux instrument de libération fortement suggéré en soins palliatifs. Contrairement à la conversation, l'écriture permet un flot ininterrompu dans la pensée et l'expression des émotions. Seule devant son journal intime, la personne peut laisser tomber les masques et se retrouver devant elle-même. C'est un rendez-vous magique, parfois créatif, mais surtout très bénéfique pour faire des prises de conscience et s'exprimer en toute liberté.

L'HÉRITAGE DU CŒUR DE MA BELLE-MÈRE...

En ces derniers jours aux côtés de belle-maman, j'ai ressenti que tous les comportements appris, les jeux de rôles et les positions sociales n'existaient plus. J'étais simplement un être humain vis-à-vis d'un être humain qui terminait son expérience humaine. Dans cet espace où il n'existe que le cœur à cœur, cette femme d'une grande bonté, m'a amenée à faire une belle réflexion sur la Vie...

Un soir, alors qu'elle était plongée dans ses pensées, elle me dit soudainement : « Oui, c'est un siècle vraiment intéressant ! La communication augmente et les hommes participent maintenant à l'éducation de leurs enfants. C'est une très bonne chose, car les enfants ont besoin de la présence de leur père. Cela fera une génération différente, plus confiante, plus heureuse... Oui, c'est un siècle vraiment intéressant ! »

Béatrice avait non seulement un regard posé sur la société qu'elle quittait, elle laissait dans le cœur de chacun l'espoir d'un monde meilleur. Et que dire de ces moments de confidences où elle prenait mon visage entre ses mains en m'appelant affectueusement son « *beau cœur d'amour* » ? Nous pouvions alors tout nous dire. Je lui partageais mes doutes et mes craintes, et elle puisait à même son expérience de mère pour me souffler ses précieux conseils. Elle me disait souvent : « *Quand tu as des choix à faire dans la vie, parle avec tes proches, communique tes besoins, enraye tous tes doutes, puis fonce et sois heureuse.* »

Dans ce partage intime, elle m'avouait également ses inquiétudes et ses questionnements par rapport à ce qui l'attendait dans l'au-delà. Et du plus profond de mon cœur, je la rassurais à mon tour sur l'amour et le bien-être qui l'attendaient de l'autre côté. Dans ces moments, les larmes aux yeux, je tenais sa main si douce tout en embrassant son front avec tendresse. Ces larmes n'étaient pas le fruit de la douleur, mais le symbole de l'amour qui se transmet d'un humain à l'autre avant le dernier souffle. Dans une communion privilégiée, nous étions unies comme jamais par la conviction que, malgré la mort, nous sommes toujours en relation avec ceux que nous aimons.

Et quand je pense à belle-maman, à cette grande dame qui a laissé des traces de bonté et de douceur, même en ses derniers instants, j'ai le goût d'être, de jour en jour, une meilleure personne...

Merci à vous, Béatrice, pour ces moments si précieux, si intenses, si simples. C'est un honneur pour moi de vous connaître.

De là où vous êtes, recevez toute ma tendresse et mon amour.

LYSANE PARENT,
Ventes et développement,
Magazine *Vivre*

Pour ceux et celles qui éprouveraient le désir de faire la paix avec certaines personnes ou certaines situations, l'exercice de méditation guidée qui suit est un excellent outil pour conduire à un meilleur bilan de vie. Pratiqué dans un environnement propice à la détente, cet exercice permet une rencontre énergétique avec une personne (ou une situation) afin de libérer un trop-plein émotif, obtenir ou octroyer un pardon, et trouver la paix de l'âme et de l'esprit. Cet exercice comporte des bienfaits inestimables pour la guérison émotionnelle. Il suffit de se détendre, de ne rien précipiter, de se laisser porter par les énergies et de laisser parler son cœur.

LES PARDONS NÉCESSAIRES POUR LA PAIX DE L'ÂME ET DE L'ESPRIT

Après avoir pris quelques profondes respirations pour bien vous détendre et vous centrer à l'intérieur de votre corps, portez votre attention sur votre chakra du cœur qui est situé au centre de votre poitrine. Prenez le temps de ressentir sa vibration... L'amour que vous portez en votre cœur est grand, laissez-le imprégner chacune des cellules de votre corps physique, et petit à petit, laissez cette belle énergie imprégner également votre champ énergétique et tout l'espace qui vous entoure...

Prenez le temps de baigner dans ces belles énergies de mieux-être et d'amour... Puis quand vous êtes prêt, faites appel à votre guide spirituel pour recevoir amour et soutien tout au long de la rencontre à venir. Prenez une autre profonde inspiration et débutez maintenant...

Toujours imprégné de belles énergies, déplacez-vous, par la visualisation, au centre d'une pièce chaleureuse et accueillante. Il peut s'agir d'un boudoir, d'une véranda ou d'un salon joliment décoré. Dans cette pièce, deux fauteuils sont placés l'un en face de l'autre. Prenez le temps de vous asseoir confortablement, puis continuez à vous détendre...

Lorsque vous êtes prêt, invitez une personne avec qui vous voulez échanger à venir se joindre à vous. Prenez le temps de bien l'accueillir et de l'inviter à s'asseoir dans le fauteuil près de vous. Lorsque vous vous sentirez prêt, ouvrez-lui votre cœur en lui faisant part de la raison pour laquelle vous êtes réunis en ce lieu. Profitez de ce temps de rencontre pour exprimer tout ce qui n'a pas été dit, pour libérer vos émotions et aborder un processus de pardon envers l'autre ou envers vous-même...

Ne vous censurez pas et ne vous jugez surtout pas. Laissez simplement couler les mots comme ils viennent... laissez les émotions faire surface et emporter avec elles, la peine, la colère et la culpabilité. Laissez votre cœur et votre âme faire le grand ménage afin que s'installent un sentiment de paix et un profond mieux-être...

S'il s'agit d'une situation avec laquelle vous voulez faire la paix. Revivez en votre cœur cette situation et permettez-vous de voir à quel point cette épreuve vous a appris sur vous-même... Reconnaissez cette situation non comme un échec, mais comme une expérience sur votre chemin de vie... Offrez tout votre amour à cette situation afin que vous puissiez, vous et toutes les personnes impliquées, vous libérer enfin des entraves reliées à cette situation... Accordez-vous également cet amour, car par cette situation, vous avez forgé des outils qui vous ont été utiles au cours de votre vie et pour votre prochaine incarnation...

Lorsque tout a été dit et que la rencontre peut prendre fin, prenez le temps de remercier cette personne (ou la situation) pour sa présence, son écoute et son accueil. Puis, du centre de votre cœur, dirigez vers elle de belles énergies d'amour et invitez-la à retourner dans sa lumière.

Après son départ, alors que vous serez à nouveau seul dans la pièce, prenez un moment pour vous féliciter de votre courage et d'avoir entrepris un processus de pardon ou de libération. Puis, prenez quelques instants pour vous remémorer les belles valeurs qui vous habitent et que vous avez transmises, rappelez-vous vos bons coups et tous les moments où vous avez aidé quelqu'un que vous aimiez... Soyez fier de vous et de ce que vous avez accompli... Respirez ce grand bonheur d'avoir été spécial, à un moment ou à un autre, pour quelqu'un ou pour plusieurs...

Lorsque votre cœur est empreint de fierté et de gratitude pour un ou plusieurs moments de vie, remerciez votre guide spirituel pour son soutien dans la remémoration des bons coups et pour son amour constant pour vous...

Puis lorsque vous êtes prêt, prenez trois bonnes inspirations et revenez tout en douceur dans votre corps physique. Ouvrez les yeux et procédez à quelques étirements.

LA FOI, LA PRIÈRE ET LA VIE APRÈS LA MORT

De tout temps et toutes religions confondues, la prière fut et demeure pour bien des gens une source merveilleuse de réconfort et de plénitude. Étant universelle, la prière est de nature spirituelle. Il est donc naturel pour l'être humain, qui prend lui-même sa source dans l'astre universel, de prier ou de se tourner vers Dieu lors de moments difficiles. D'ailleurs, nombreux sont ceux et celles qui se sont tournés vers la prière, qui ont fait appel à des groupes de prières ou qui ont demandé la présence d'un prêtre à leur chevet dans les derniers instants de leur vie.

Sans imposer une voie précise, la prière peut être salvatrice pour l'être cher en fin de vie qui s'ouvre à sa dimension spirituelle. On peut l'utiliser comme outil d'accompagnement tout au long du cheminement vers la mort. Il n'est pas nécessaire d'avoir été d'une grande dévotion ou de savoir égrener le chapelet pour faire place à la prière dans sa vie. Et nul besoin de connaître les mots exacts d'une prière pour que celle-ci soit efficace, car c'est par l'amour puisé en son cœur que la prière prend tout son sens.

Certaines personnes préfèrent s'en remettre aux anges pour obtenir réconfort et guidance. Selon la kabbale, il existe 72 anges, qui par leur force et leur pouvoir respectif, peuvent nous assister dans ce cheminement vers la fin de vie. Tout comme la prière, il n'est pas nécessaire de tous les connaître pour les invoquer. Une requête faite avec tout son cœur peut suffire pour qu'un ange se manifeste et prête main-forte.

On peut faire appel aux anges pour divers besoins. Par exemple, lorsqu'une décision importante doit être prise, lorsqu'une situation s'avère problématique, lorsqu'une chirurgie ou qu'un transfert en centre hospitalier devient nécessaire, ou pour alléger tant les souffrances physiques que les douleurs morales. Sans aucun doute, les anges sont à l'écoute et à moins que cela aille à l'encontre du plan déterminé par l'âme, ils feront tout en leur pouvoir pour répondre à la demande. Il suffit d'avoir confiance et d'ouvrir les yeux quant aux cadeaux qui peuvent se manifester. Cela ne revêtira pas toujours la forme escomptée, mais les anges connaissent bien souvent, mieux que nous, la meilleure façon de nous venir en aide. Et c'est dans l'abandon et la foi, aussi grands que l'amour qu'ils ont pour nous, que nous trouverons l'aide et le réconfort demandés.

Il arrive aussi que certaines personnes se sentent réconfortées par la croyance d'une vie après la mort. L'idée de la survie de l'âme apaise bien des cœurs et conforte l'être dans ce grand départ qui est davantage vécu comme une belle et intense transformation. Et pour plusieurs, même s'ils n'adhèrent pas nécessairement aux philosophies du nouvel âge, la fameuse question : « *Mais qu'est-ce qui m'attend après la mort ?* » vient souvent hanter leur cœur en fin de vie.

Si l'être cher aborde le sujet, vous pouvez bien sûr échanger sur vos croyances personnelles, mais vous pouvez également lui retourner la question en lui demandant comment il aimerait que ce soit à son arrivée de l'autre côté. Demandez-lui comment et par qui il aimerait être accueilli. Le simple fait de penser à un accueil chaleureux et agréable peut créer un apaisement des craintes relatives à l'après-vie et peut même créer une ouverture au niveau du cœur et faire grandir sa foi. Et peut éclore alors, dans le cœur de l'être cher, la conviction profonde d'une vie florissante et harmonieuse après son décès.

LA CONFUSION ET LE DÉLIRE

Selon les docteurs Claudia Mazzocato et Stéphane David : « *plus de 80 % des patients en fin de vie développent à un moment ou à un autre de leur maladie un delirium. Ce syndrome est donc aussi fréquent que la douleur !* »[9] En effet, quand la mort approche, le cerveau éprouve les mêmes difficultés que les autres organes physiques du corps humain et cela peut engendrer confusion et délire chez la personne en fin de vie. Soudainement, le patient peut éprouver des difficultés à dormir ou à se reposer. Il peut souffrir de pertes de mémoire, être désorienté, dire des paroles blessantes, être impatient et agressif, et avoir des hallucinations.

Il peut être très éprouvant de voir une personne qu'on aime perdre sa lucidité. Certains iront même jusqu'à dire qu'ils ont l'impression de perdre l'être cher avant même sa mort physique. Pourtant, même s'il n'est pas facile d'être au chevet d'une personne souffrant de confusion et de délire, il importe de se souvenir de ne pas prendre ces « attaques » de façon personnelle. L'être cher perd graduellement ses fonctions, y compris celles du cerveau. Et si jadis il était de nature calme et posée, il y a fort à parier que s'il avait à nouveau toutes ses facultés, il serait profondément reconnaissant du soutien et des soins apportés.

Bien sûr, ce ne sont pas toutes les personnes en fin de vie qui deviendront impatientes et agressives. Certaines auront le bonheur d'être lucides jusqu'à la fin, pour d'autres, la confusion pourra donner lieu à des moments cocasses.

9. http://www.againstpain.org/pdf/Dlrs_9.pdf.

AU PAS DE COURSE...

Je me rappelle, entre autres ce matin, quelques jours avant le décès de Roch, où Anick était venue nous rendre visite. En entrant dans la chambre, elle se retrouva seule avec mon mari, car j'étais partie depuis quelques minutes. Roch, qui était alité depuis plusieurs semaines (en raison de la maladie et de son état squelettique) fut déstabilisé par mon absence et la présence soudaine d'Anick. Confus et agité, il sortit du lit et pressa Anick de lui donner ses espadrilles. Sans contredit, il était prêt pour un grand marathon ! Pourtant, là où il croyait voir ses espadrilles, il n'y avait qu'un plateau contenant un léger repas.

C'est alors que je suis revenue dans la chambre et que je pus dire à Roch que j'avais oublié d'apporter ses espadrilles, mais que je ne manquerais pas d'aller les chercher un peu plus tard, juste à temps pour sa course ! Rassuré, il se calma et décrochant un regard complice à Anick, je pus le coucher à nouveau et passer à un tout autre sujet.

CATHERINE POIRIER,
Thérapeute énergétique

En période de confusion, il est important d'être bien outillé si on ne veut pas heurter l'être cher. Ainsi, pour éviter de vivre des situations dévastatrices et pour mieux accompagner la personne en proie à la confusion ou au délire, voici quelques conseils de base. Les conseils ci-dessous proviennent du Portail canadien en soins palliatifs.[10]

- Restez calme. Parlez lentement et calmement à la personne.
- Rappelez à la personne qui vous êtes et où elle se trouve.
- Évitez de contredire les énoncés parfois bizarres d'un patient confus. En contrariant la personne, elle pourrait

10. http://www.portailpalliatif.ca.

se sentir encore plus menacée. Il est mieux de reconnaître sa détresse et de lui promettre de régler les choses.

- Si le patient confus porte habituellement des prothèses auditives ou des lunettes, assurez-vous qu'elles soient à la portée de la main, car elles peuvent aider à réduire les distorsions de la perception des objets.
- Minimisez les défis et les tâches qui auront pour effet de causer une frustration.
- L'éclairage dans la chambre devrait être suffisamment lumineux pour réduire la possibilité que le patient confonde les ombrages avec des personnes ou des animaux menaçants, mais pas au point d'empêcher le repos.
- Placez une horloge ou un calendrier dans la pièce afin d'aider la personne à se repérer dans le temps.
- Il serait peut-être bénéfique de limiter le nombre de personnes qui rendent visite au patient confus, surtout si celui-ci devient plus anxieux ou agressif en présence de plusieurs visiteurs.

Malgré tous les bons conseils, si l'être cher est toujours à la maison, il peut devenir difficile de composer avec une telle situation. Il faudra peut-être alors envisager de le transférer dans un centre hospitalier ou dans un centre en soins palliatifs, afin qu'il puisse recevoir une assistance adéquate et une médication contrôlée pouvant calmer ses angoisses. Toutefois, si la confusion ou le délire demeurent en croissance perpétuelle et qu'ils portent de sérieux préjudices à l'être cher en fin de vie ou à ses proches, les médecins spécialistes en soins palliatifs pourront alors offrir l'option de la sédation palliative.

LE COMA ET LA SÉDATION PALLIATIVE

Quand la fin est proche, l'être cher entre dans un processus normal de mort qui inclut couramment le coma. Lorsque la douleur physique est maîtrisée et que le moral est relativement stable, un coma naturel survient habituellement dans les heures qui précèdent la mort. Mais lorsque la douleur physique n'est plus soulagée, que l'être cher éprouve des difficultés respiratoires, est agité, confus ou vit des souffrances existentielles qui détériorent grandement sa qualité de vie, la sédation palliative devient souvent un moyen d'intervention privilégié. La sédation palliative, qui consiste à endormir le patient, est administrée uniquement en dernier recours et dans le but de soulager des souffrances jugées insupportables.

Pensant que la médication accélérera le processus de la mort, les proches sont souvent préoccupés par l'administration de la sédation palliative. Pourtant, selon le médecin Hubert Marcoux: « *La conséquence mortelle de la déshydratation associée à une sédation continue prolongée, ne me semble pas différente de celle associée à l'arrêt d'un traitement qui a pour effet de provoquer la mort, par exemple le fait de cesser une ventilation assistée ou un gavage.* »[11] Ainsi, pour plusieurs médecins en soins palliatifs, la sédation palliative agit d'abord et avant tout, non pas pour provoquer la mort, mais pour soulager de grandes souffrances morales et physiques.

Lorsque le choix de la sédation palliative se présente, il est important d'en parler, tant avec les médecins soignants que l'être cher et ses proches. Il est préférable d'avoir l'heure juste et de comprendre les conséquences qu'engendre une sédation palliative.

---

11. http://www.palli-science.com/filedb/PLENIERE_III_B_Hubert_Marcoux_CongresRSPQ2009.pdf?zoom_highlight=sedation+palliative#search=.

Si l'être cher est encore pleinement conscient de sa condition, la décision d'opter ou non pour la sédation palliative lui revient de plein droit. Il convient aussi de respecter son choix et de l'accompagner en fonction de ses dernières volontés.

Habituellement, lorsque l'être cher sombre dans un coma ou lorsqu'il est sous sédation palliative, c'est que la fin est proche. Sauf dans de rares exceptions, quelques heures voire quelques jours suffisent pour que le défunt rende l'âme. En ces derniers instants, plusieurs proches voudront lui rendre une dernière visite et lui faire leurs adieux. C'est aussi l'ultime occasion pour les membres de la famille de prendre un temps seul à ses côtés, pour lui dire encore quelques mots à l'oreille ou simplement pour lui tenir la main une dernière fois.

Lorsque l'être cher n'est plus présent consciemment, il arrive que certaines personnes cessent de lui parler ou qu'elles ne prennent plus garde aux conversations qui ont lieu à son chevet. Pourtant, nombreuses sont les personnes travaillant en soins palliatifs qui affirment que l'être cher en fin de vie peut entendre les paroles prononcées autour de lui, et ce, même s'il est dans un coma ou sous sédation palliative. En effet, selon Olivier, un infirmer dans un centre de soins palliatifs : « *L'ouïe est le dernier sens qui fonctionne jusqu'au bout. Jusqu'à la dernière seconde, et même après leur décès. C'est pourquoi lorsque j'apporte des soins, je continue de leur expliquer ce que je fais et je communique avec eux.* »[12]

D'ailleurs, certaines personnes ayant elles-mêmes vécu un état comateux ont rapporté, à leur réveil, avoir entendu les conversations des gens présents à leur chevet ou les musiques jouées dans la pièce. Alors, même dans les moments où l'on

12. http://foruforever.over-blog.com/article-la-mort-fait-partie-de-mon-quotidien-rencontre-avec-un-infirmier-en-soins-palliatifs-59276003.html.

pense que l'être cher est absent, une vigilance s'impose. Il importe donc de rappeler aux visiteurs qu'ils peuvent parler normalement et qu'ils doivent éviter de se regrouper dans un petit coin pour chuchoter, pour discuter de sujets délicats qui pourraient bouleverser l'être cher, ou pire encore, pour se disputer.

Tout comme la mort n'est pas une fin, le coma n'est pas la cessation de la vie. Il importe donc, par respect pour l'être cher, de lui offrir notre présence compatissante et chaleureuse même s'il est inconscient. Il est encore possible de lui parler avec douceur, de lui accorder la permission de partir ou de le rassurer sur le passage à venir et sur le bien-être des gens laissés derrière. Et plus important encore, la vie offre à nouveau une belle occasion de dire en toute sincérité, un « *je t'aime* » rempli d'amour et de tendresse.

CHAPITRE 2

Soutien à l'âme de l'être cher en fin de vie

Pronostic : phase terminale

Quoique l'âme soit intimement reliée à la personne, celle-ci vit une réalité bien distincte en ce qui concerne la fin de vie sur terre. Alors que la personnalité humaine peut souffrir de quitter son corps, sa vie et ceux qu'elle aime, l'âme quant à elle est plus encline à « rentrer à la maison » et à retrouver les siens. Mais même si les émotions diffèrent, dans un cas comme dans l'autre, elles doivent toutes deux se préparer pour mieux vivre la grande traversée. En effet, à leur façon et à leur rythme, elles seront confrontées à l'inévitable détachement et à la transformation des liens qui les unissent sur le plan terrestre. Et puisqu'elles sont interreliées, le cheminement de l'une peut avoir une grande incidence sur le parcours de l'autre. Ainsi, lorsque l'accompagnement de l'être cher se fait conjointement avec son âme, il en résulte une plus grande compréhension de la situation et les soins à apporter peuvent alors être ajustés et bonifiés.

Que la personne en fin de vie soit consciente ou non, une communication avec l'âme de celle-ci peut mettre en lumière des besoins, qui jusqu'alors, avaient été ignorés. Qu'il s'agisse de besoins physiques, de besoins émotifs ou d'informations relatives au grand départ, l'âme détient une mine d'informations qui peuvent sans aucun doute être bénéfiques pour le cheminement et l'évolution de chacun. Il ne tient qu'à nous d'amorcer la communication !

L'ÂME

Conformément à sa nature, l'âme est divine essence puisqu'elle provient de la Source elle-même. Elle est une forme d'énergie, une conscience, qui choisit diverses expériences de vie, dont l'incarnation sur terre, pour servir son évolution. Lorsqu'elle est incarnée, l'âme habite un corps physique et sept corps énergétiques. Et chacun des corps sert de soutien à l'âme pour expérimenter diverses réalités. Au même titre que le corps physique, « *les trois premiers corps, soit éthérique, émotionnel et mental, appartiennent à la dimension terrestre. Ils constituent les plans directeurs de la personnalité de l'individu telle qu'elle se manifeste dans la présente incarnation.* »[1]

Ensuite, on retrouve le corps astral, qui lui, appartient au plan astral. Dans ce plan, le temps n'existe pas et on y « *rencontre toutes les vies, les mémoires dites karmiques, mais aussi des âmes non incarnées qui sont en transition* ».[2] Finalement, *« au-delà du corps astral et des corps terrestres, il existe trois autres corps qui*

1. Marie Lise Labonté et Ninon Prévost, *Les Corps de lumière*, Le Dauphin Blanc, 2010, p. 43.
2. Marie Lise Labonté et Ninon Prévost, *Les Corps de lumière*, Le Dauphin Blanc, 2010, p. 50.

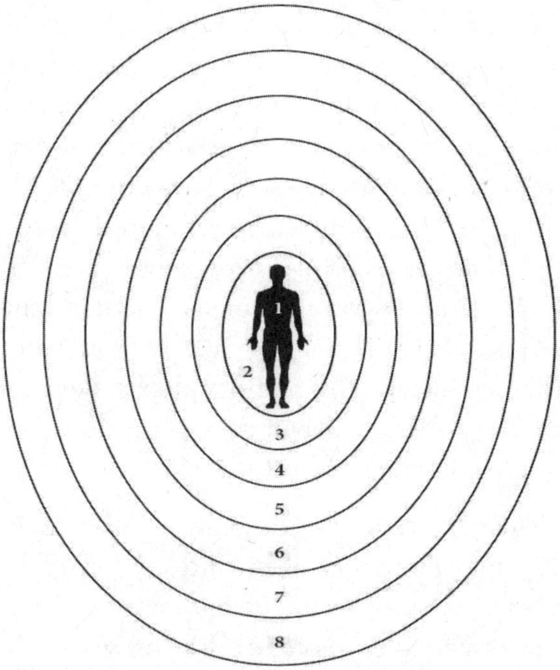

1. Corps physique
2. Corps éthérique
3. Corps émotionnel
4. Corps mental
5. Corps astral
6. Corps supra-astral
7. Corps céleste
8. Corps de lumière

transcendent le plan terrestre. Il s'agit du corps supra-astral, du corps céleste et du corps de lumière. Ce sont les corps célestes. »[3]

Ainsi, l'âme est incarnée au sein d'un corps physique qui lui sert de véhicule sur le plan terrestre, d'un corps éthérique qui protège et nourrit le corps physique, d'un corps émotionnel qui contient tout le bagage émotif vécu sur terre, d'un corps mental qui contient toutes les pensées et les croyances de la personne, d'un corps astral qui contient toutes les mémoires des vies antérieures vécues par l'âme, d'un corps supra-astral qui transcende toutes les mémoires en un amour sacré avant d'arriver dans les corps célestes, d'un corps céleste qui est le siège de la connaissance et de l'intelligence divine, et finalement d'un corps de lumière qui est le siège de l'union cosmique, là où l'âme se fond avec la Source, et s'unit au divin.

3. Marie Lise Labonté et Ninon Prévost, *Les Corps de lumière*, Le Dauphin Blanc, 2010, p. 43.

Par conséquent, lorsque nous sommes sur terre, les échecs, les joies et les apprentissages que nous faisons permettent non seulement à notre être de grandir, ils permettent également à notre âme d'évoluer et de transcender des nœuds karmiques. Et au terme de notre passage sur terre, nous devons nous préparer à mourir alors que pour notre âme, malgré la mort du corps physique, la vie va se poursuivre dans les plans subtils avec les autres corps d'énergie. Donc, contrairement à l'homme qui peine parfois à quitter sa chair, l'âme sait que la mort n'est qu'une transformation et elle éprouve, dans la plupart des cas, une grande sérénité à préparer son départ pour poursuivre son évolution de l'autre côté du voile.

Mais même si le départ est accepté de plein gré, l'âme doit tout de même se préparer à cette nouvelle réalité qui s'installe. En effet, elle devra entamer son cheminement dans les plans subtils avec un corps physique en moins et des corps énergétiques plus ou moins lourds selon le vécu de l'être cher. De ce fait, si la personne a eu une belle vie, qu'elle s'est réalisée en tant que personne, qu'elle a tiré les leçons de ses épreuves, qu'elle a une vision plutôt positive des événements ou qu'elle est relativement en paix avec son départ, il y a de fortes chances que sa mort et son arrivée dans l'au-delà soient plus faciles et plus harmonieuses.

À l'inverse, une vie parsemée d'embûches, d'amertume ou de non-acceptation de la mort peut entraver le processus de détachement nécessaire à son envol. Mais l'âme n'est pas toute seule dans ce processus de préparation à la grande transition. Alors que l'être cher est au repos ou dans un coma, elle profite des derniers moments, pour faire des allers et retours fréquents entre le corps physique et les dimensions subtiles. Ces brèves visites lui permettent de bénéficier d'un soutien de la part de ses guides et de sa famille céleste pour ajuster ses propres énergies aux énergies plus élevées que l'on retrouve de l'autre côté. De plus, lorsque l'être cher et son âme ont la chance de pouvoir compter sur le soutien de sa famille terrestre pour soulager, tant le corps physique que les corps d'énergie, c'est tout son départ qui s'en trouve magnifié.

Bien sûr, il n'est pas toujours facile de reconnaître ou de comprendre les besoins ou les blessures de l'être cher. Surtout s'il est inconscient ou plongé dans un coma ! C'est pourquoi dans les derniers jours de vie, que la personne soit consciente ou non, il peut s'avérer utile et bénéfique de contacter son âme pour connaître ses besoins, pour lui apporter soutien et réconfort ou pour l'aider à se libérer des entraves nuisant à son élévation.

LA COMMUNICATION AVEC L'ÂME

Établir une communication avec une âme n'est pas quelque chose de difficile en soi. En fait, la communication avec les énergies subtiles est innée chez toute personne. En venant sur terre, certains ont oublié qu'ils étaient munis de ces facultés sensorielles qui permettent de communiquer avec les énergies et de recevoir des messages de notre âme et des âmes incarnées et non incarnées.

Pourtant, depuis notre naissance, notre âme s'évertue à communiquer avec nous. Que ce soit par le biais de synchronicités, par les rêves, la méditation ou la communication intuitive (médiumnité), elle aspire à une ouverture de notre part pour établir un partenariat. En fait, communiquer avec une âme, c'est un peu comme communiquer avec une tour de contrôle aérienne. Elle nous indique la prochaine destination, elle nous informe des possibilités et des écueils, mais surtout, elle met en lumière notre parcours et nous assiste tout au long du voyage. Et avec un minimum de préparatifs, il est tout à fait possible de redécouvrir nos facultés intuitives afin de bénéficier du soutien et des conseils qu'une âme peut nous apporter.

Pour communiquer avec une âme, il n'est pas nécessaire d'être présent physiquement aux côtés de la personne en fin de vie. L'âme n'étant pas constituée de matière physique, mais plutôt faite d'énergie, les pensées et les intentions de communication émises par une personne sauront être captées et accueillies par l'âme. Et ce, même si une grande distance physique nous sépare de l'être cher. Ainsi, nous pouvons établir une communication avec l'âme lorsque nous sommes dans un moment de silence à ses côtés, ou encore chez soi ou dans un tout autre endroit approprié.

Pour maximiser une communication, il est recommandé de s'installer dans un endroit calme et paisible et de se détendre complètement. Allumer une chandelle, un bâton d'encens, mettre une musique douce et prendre de profondes inspirations pour relâcher les tensions, tout cela vous procurera une détente absolue et bénéfique à la communication. Ensuite, par le biais de la prière, de la méditation ou de la communication intuitive, vous pourrez entamer le dialogue afin de recevoir des informations pertinentes ou pour tout simplement lui insuffler amour et soutien.

L'EXPRESSION DE L'ÂME POUR DES BESOINS PHYSIQUES

Que la personne en fin de vie soit en état de conscience ou non, il peut s'avérer utile de communiquer avec son âme pour obtenir des informations sur les besoins du corps physique et du corps éthérique. Certes, dans les derniers moments, les besoins physiques ne sont pas nécessairement nombreux. Mais lorsqu'ils sont présents, c'est que l'être cher est encore en quête de confort. À titre d'exemple, lors d'une méditation, une dame reçut comme message que sa petite fille, qui était alors hospitalisée, avait froid et avait peine à se réchauffer. Puis, soudainement, elle vit apparaître l'image d'une « doudou » qu'elle lui avait offerte pour l'un de ses anniversaires. Le lendemain, lorsqu'elle apporta la doudou en question, la grand-mère fut très heureuse de constater les yeux brillants de sa petite fille. Et lorsque celle-ci lui confia d'emblée qu'aucune couverture n'arrivait à la réchauffer comme celle-là, elle sut tout de suite qu'elle avait bien fait de se faire confiance en étant à l'écoute du message de l'âme.

En d'autres occasions, les messages reçus peuvent indiquer l'importance d'apporter des soins énergétiques à un organe en particulier afin de le soulager des tensions et des douleurs ressenties. La douleur en moins, l'énergie peut alors circuler plus librement et favoriser ainsi un passage plus en douceur.

Une communication avec une âme peut également mettre en lumière les mémoires incrustées dans le corps éthérique et nécessitant une purification. En effet, lorsqu'une personne a subi un traumatisme dû à de grandes douleurs physiques ou lorsqu'elle a grandement souffert de la soif et de la faim, il arrive que ce traumatisme s'imprègne dans le corps éthérique. Lorsque cela se produit et que les mémoires ne sont pas purifiées, le défunt pourra ressentir la mémoire de ce traumatisme et pourra l'interpréter comme « réel » lors de son arrivée dans les plans subtils.

C'est pourquoi il importe de purifier, autant que possible, les corps énergétiques d'un être cher avant son départ. Ceci étant dit, la plupart des gens en fin de vie vont souffrir à un niveau ou à un autre au cours de la maladie. Cela ne veut pas dire que chacun subira un traumatisme ou en sera affecté de l'autre côté. Si la personne est relativement en paix ou est à tout le moins dans un processus d'acceptation de la maladie et des douleurs qu'elle comporte, son corps éthérique sera plus dégagé et favorisera une belle traversée.

Qu'il s'agisse de réchauffer quelqu'un, d'apposer une main affectueuse, de masser une zone tendue, d'hydrater les lèvres davantage ou d'apporter des soins énergétiques, la communication avec l'âme de l'être cher en fin de vie, peut assurément aider à pallier les inconforts physiques et permettre de mieux vivre les derniers moments.

ÊTRE TOUCHÉ PAR UNE SEULE PERSONNE À LA FOIS

Quelques jours avant le décès d'un ami, alors qu'il était sous sédation palliative, j'étais en état de méditation lorsque je reçus un message important de la part de son âme. Elle me fit part que, lorsque la famille et les amis étaient réunis autour de lui, il était préférable qu'une seule personne à la fois touche son corps. Ainsi, il pourrait mieux s'unir énergétiquement avec la personne à ses côtés. À partir de ce moment, mon ami reçut d'une personne à la fois tout l'amour dont il avait besoin et auquel il put s'abreuver pour réconforter son être et son âme. Donc, lorsque sa mère lui caressait la joue, c'était le fils en lui qui accueillait tout l'amour et la tendresse d'une mère. Lorsque sa sœur déposait sa main sur la sienne, c'était le frère en lui qui reconnaissait la présence aimante et réconfortante de sa sœur. Lorsqu'un ami lui caressait la tête, c'était l'ami en lui qui appréciait ce geste d'amour et de complicité.

Au cours de la communication, son âme me fit également comprendre que les différentes émotions de tristesse de chacun, qui sont transmises par le contact du toucher, étaient amplifiées par la somme des personnes qui le touchaient en même temps. Malgré son état d'inconscience, cela le perturbait grandement et son âme demandait que lorsque la situation nécessitait que plusieurs personnes le touchent en même temps, que cela se fasse dans un état d'esprit dégagé de tristesse et dans l'unique but d'insuffler une énergie d'amour à son être et à tous ses corps.

Et malgré l'état d'inconscience de mon ami, dans les jours qui suivirent, plusieurs remarquèrent qu'il semblait moins tendu, plus calme et disposé.

Jérôme Poirier,
Électricien à la retraite

L'EXPRESSION DE L'ÂME POUR DES BESOINS ÉMOTIFS ET AFFECTIFS

Plusieurs personnes en fin de vie vont affirmer éprouver davantage de difficultés à composer avec la douleur émotive que la douleur physique. En effet, la gamme d'émotions rencontrées au seuil de la mort est si vaste qu'il peut s'avérer tout un défi pour l'être cher de ne pas surcharger son cœur et son corps émotif d'émotions lourdes. La peur, l'anxiété, la colère, la culpabilité, les remords et la tristesse sont légion en fin de vie, et l'âme peut assurément insuffler les dernières recommandations pour un allègement des corps et un mieux-être avant le grand départ.

Lors d'une communication, l'âme peut suggérer des outils pour rassurer, calmer des peurs ou apporter des pistes de réflexion pour entamer ou conclure une démarche de pardon. Aussi, plusieurs attendent une personne en particulier avant de faire le grand voyage. Il convient alors de faire en sorte que cette personne puisse venir à son chevet. Mais si cela s'avère impossible, il importe de l'aviser tout en douceur et de lui dire qu'elle peut cesser de l'attendre et qu'elle peut se préparer à partir en paix.

Les besoins affectifs peuvent être nombreux et lorsque l'on décèle un besoin à combler ou que la personne que l'on accompagne nous en fait part, il est plus facile d'apporter le soutien et le réconfort nécessaires. Mais si on l'ignore ou que l'être cher, sous sédation palliative, ne peut exprimer ce qui le rattache encore à la terre, établir une communication avec son âme peut s'avérer salutaire pour combler son cœur ou alléger son corps émotif.

GRAND-MAMAN VEUT VOIR TOUS SES ENFANTS...

En novembre 2010, alors que sa santé se détériorait après avoir souffert pendant de nombreuses années de la maladie d'Alzheimer, le médecin traitant recommanda que ma grand-mère commence les soins de confort reliés à la fin de vie.

Étant très proche de grand-maman Jeanne, j'ai décidé lors d'une méditation matinale d'entrer en contact avec son âme pour lui donner ma permission de quitter son corps physique. Je la rassurai alors en lui disant que nous l'aimions tous tendrement et que nous acceptions qu'elle quitte sa vie terrestre pour un autre plan dimensionnel. C'est alors qu'elle me dit: «*Je partirai lorsque mes enfants seront réunis.*» Il est vrai que depuis que grand-maman était malade, les fêtes en famille et les occasions de nous réunir se faisaient plutôt rares. De plus, des querelles avaient instauré un froid dans la famille, ce qui avait eu pour effet de désunir le clan familial.

Le lendemain, je décidai de raconter à ma mère la communication que j'avais eue avec l'âme de ma grand-mère. C'est alors que ma mère me raconta que la veille au soir, après plusieurs années, ses deux sœurs et elle-même s'étaient donné rendez-vous au restaurant pour manger et discuter ensemble. Et par le plus beau des hasards, à leur arrivée au restaurant, elles firent la rencontre de leur frère qui était attablé non loin d'elles. Ils ont donc mangé ensemble, liés comme autrefois, et à la fin du repas, ils décidèrent de se revoir. Le lendemain, ils étaient tous réunis au chevet de leur mère.

Quelques jours plus tard, lors d'une autre communication avec l'âme de ma grand-mère, je lui ai demandé de venir me voir durant mon sommeil. La même nuit, je fis un rêve dans lequel elle était resplendissante. Habillée tout de blanc, elle marchait tranquillement dans une serre respirant avec joie et bonheur le parfum des fleurs qui l'entouraient. Le lendemain matin au réveil, grand-mère Jeanne rendait l'âme, le cœur en paix, à l'âge vénérable de 96 ans.

MARYLÈNE LUSSIER,
Enseignante en soins infirmiers et géobiologiste

L'EXPRESSION DE L'ÂME POUR S'EXPRIMER PAR RAPPORT À SON DÉPART

Quand la fin est imminente, il arrive que l'âme ressente le besoin de s'exprimer quant à son désir de quitter la terre. Comme on l'a vu, l'âme porte un regard sur l'ensemble de la situation, et établir une communication avec celle-ci peut manifestement mettre en lumière des informations relatives au départ de l'être cher. Nous conviendrons qu'il n'est pas toujours facile, en fin de vie, de recevoir de telles informations. Mais si la communication avec l'âme nous permettait de mieux comprendre son départ et de l'accompagner avec plus de calme et de quiétude au cœur ?

Tant pour l'être cher que pour les proches, ce type de communication permet souvent de mettre un baume sur des cœurs en souffrance en raison d'un départ précipité ou trop tôt dans la fleur de l'âge. L'idée ici n'est pas de tout rationaliser en trouvant une explication pour chaque événement ou de créer des scénarios qui nous tiendraient loin du but ultime qui est le mieux-être de l'être cher, de son âme et de ses proches. Lorsqu'une âme s'engage dans une telle communication, elle le fait avec l'accord de toutes les âmes concernées et dans le respect de chacune des personnes touchées par la communication. En aucun temps l'âme ne donnera d'informations que les proches ne pourraient gérer.

À l'opposé, certaines personnes voudraient bien recevoir des informations relatives au départ d'un être cher, mais n'obtiendront rien. C'est souvent que ce n'est pas le bon moment pour l'un ou l'autre des proches concernés. Lors d'une communication avec une âme, il faut faire confiance et avoir foi que tout ce qui est exprimé par celle-ci est fait dans l'unique but de servir, dans le respect et l'amour, l'évolution de chacun.

Ainsi, lors d'une communication à propos du départ de l'être cher, l'âme pourrait s'exprimer sur :

- Sa mission de vie qu'elle devait accomplir ;
- Un contrat établi avant l'incarnation avec un ou plusieurs proches ;
- Les réussites et les échecs éprouvés pendant l'incarnation ;
- Un élément important relié à une vie antérieure ou à un *nœud karmique*[4] ;
- Le réconfort à apporter aux proches de l'être cher.

L'exercice de méditation guidée qui suit est un excellent outil de communication avec une âme. Pratiqué dans un environnement propice à la détente, cet exercice permet d'effectuer une rencontre énergétique avec l'âme de l'être cher en fin de vie afin de mieux comprendre ses besoins physiques et émotifs ou les raisons relatives à son départ. Pour garder en mémoire la communication que vous vous apprêtez à faire, munissez-vous d'une feuille de papier et d'un crayon afin d'y noter vos impressions ainsi que les images et les symboles reçus lors de la communication.

En effet, les échanges peuvent être télépathiques, mais l'âme peut également communiquer avec vous par le biais de vos émotions, de vos ressentis et de votre intuition. Elle peut aussi vous transmettre des images et des symboles pour vous aider à mieux comprendre l'essence de son message. Au moment de la communication, soyez dans l'ouverture et dans

---

4. Un nœud karmique est un apprentissage non intégré au cours d'une vie antérieure et qui crée une blessure énergétique. Cette blessure se retrouve dans la vie présente et freine ou limite l'évolution de l'âme.

l'accueil de tous les possibles. Puis faites confiance, car c'est dans la foi que vous obtiendrez une communication à la justesse des besoins de l'âme.

NŒUD KARMIQUE

Je me souviendrai toujours d'une communication que j'ai eue avec l'âme de mon mari une semaine avant sa mort. C'était un matin silencieux empreint d'une profonde quiétude. Les chauds rayons du soleil avaient envahi la chambre et j'étais prédisposée à entrer en contact avec l'âme de Roch. À son arrivée, je sus tout de suite que cette rencontre serait déterminante. Après lui avoir fait part de mes interrogations, elle me communiqua alors une information qui m'ébranla au plus haut point, mais qui, après coup, s'avérait fort nécessaire pour l'évolution de mon âme et celle de mon mari.

Ce matin-là, l'âme de Roch avait jugé bon de me raconter que nos âmes avaient vécu plusieurs vies ensemble. Dans chacune d'elles et pour diverses raisons, l'âme de Roch avait choisi de mourir de façon tragique ou précipitée. Et chaque fois, le gouffre de la peine m'avait engloutie dans la maladie, la dépression et même le suicide. Elle me dit alors que cela faisait maintenant sept vies que je revenais pour dépasser ce nœud karmique qui freinait l'évolution de mon âme. Je devais faire face à ce départ, accepter son flot émotif et guérir du deuil qui m'attendait. Sans ambages, l'âme me dit alors : *« Sois forte, cette fois-ci, tu peux le faire ! »*

Malgré le grand bouleversement que suscita cette communication, je sentais une force s'éveiller en moi. J'étais toujours aussi attristée de devoir dire au revoir à l'homme que j'aimais tant, mais je comprenais maintenant l'un des contrats qui nous liaient. Et c'est en toute sincérité que je lui fis la promesse de traverser le deuil, de vivre et d'aimer profondément la vie...

CATHERINE POIRIER,
Thérapeute énergétique

COMMUNIQUER AVEC L'ÂME DE L'ÊTRE CHER EN FIN DE VIE

Avant d'amorcer l'exercice, assurez-vous d'être bien enraciné. Puis après avoir pris quelques profondes respirations pour bien vous détendre et vous centrer, fermez les yeux et portez votre attention sur le chakra du cœur situé au centre de votre poitrine. Prenez le temps de ressentir sa vibration. Puis percevez l'amour que vous avez pour l'être cher grandir en votre cœur et imprégner chacune des cellules de votre corps.

À partir de cet état d'amour qui vous habite, faites appel à votre guide spirituel pour recevoir sa guidance tout au long de la communication que vous vous apprêtez à faire avec l'âme de l'être cher en fin de vie. Et lorsque vous êtes prêt, à l'aide de votre intention, procédez à l'exercice suivant.

Par le biais de votre imagination, transportez-vous au centre d'un jardin resplendissant. Tout doucement, vos pieds se posent sur l'herbe fraîche et vous avancez parmi les fleurs vers un sous-bois qui est situé tout juste devant vous... Au pied d'un arbre au tronc immense se trouve un magnifique banc de jardin.
Vous vous assoyez...

Prenez un moment pour vous laisser bercer au rythme des chants mélodieux des oiseaux et pour respirer les doux parfums de la nature... Ressentez en vous l'énergie qui se dégage de ce jardin enchanteur...

Au contact de cette nature, vous vous sentez en sécurité et votre esprit est détendu. Vous savez que vous êtes maintenant prêt à faire appel à la présence de l'âme de l'être cher en fin de vie...

Intérieurement ou à voix haute, répétez la phrase suivante : « Je demande à l'âme de (nommez le prénom de l'être cher), de venir me rejoindre maintenant dans ce magnifique jardin. » Lorsqu'elle arrivera, prenez le temps de l'accueillir et invitez-la à s'asseoir sur le banc.

Prenez le temps de ressentir ses énergies et de vous imprégner de tout l'amour qu'elle éprouve pour vous. Et quand vous êtes prêt, vous pouvez échanger sur des situations qui vous préoccupent. Vous pouvez poser des questions sur ses besoins physiques et émotifs ou des questions relatives à son départ. Vous pouvez également échanger sur l'état de ses corps d'énergie. N'hésitez pas à lui demander de vous transmettre toutes les informations pertinentes aux mieux-être de toutes les âmes concernées et offrez généreusement votre écoute, votre soutien et votre amour...

Lorsque de part et d'autre l'échange est terminé, offrez à l'être cher un dernier élan d'amour et de compassion en l'enveloppant tout doucement dans une belle lumière blanche et dorée.

Prenez un moment pour lui dire au revoir et la remercier pour cette rencontre et ce précieux partage. Puis, en se dirigeant lentement vers l'extrémité du jardin, l'âme de l'être cher en fin de vie vous transmet à nouveau tout son amour et sa reconnaissance.

Prenez le temps de ressentir ses vibrations en votre cœur.

Ensuite, vous vous levez à votre tour et lentement, vous vous dirigez au centre du jardin.

Prenez une profonde inspiration, remerciez votre guide spirituel de sa présence bienveillante et revenez tout doucement dans votre corps physique...

Et quand vous êtes prêt, bougez chacune des parties de votre corps, prenez de profondes inspirations et ouvrez les yeux.

CHAPITRE 3

Soutien à l'accompagnateur

Pronostic : phase terminale

Pour bon nombre de gens, accompagner une personne vers la mort fut l'une des expériences les plus intimes qu'ils ont pu vivre. Partager les derniers moments d'un être cher fut pour eux un grand privilège et un cadeau à honorer. Mais même si l'accompagnement offre de merveilleuses occasions de rencontre et d'échange, le rôle et les responsabilités de l'accompagnateur sont grands et le manque de balises entourant la mort peut créer une perte de repères importants pouvant conduire, à un moment ou à un autre, à se sentir démuni. Devenir soudainement un accompagnateur désigné fait assurément sortir des sentiers battus, mais avec une bonne dose d'amour et quelques outils pour prendre soin de soi, il est tout à fait possible de vivre cette expérience de façon plus saine et harmonieuse.

Devenir entièrement disponible pour une personne en fin de vie requiert souvent une bonne dose de courage et un abandon temporaire des tâches quotidiennes, du travail et des activités usuelles. L'accompagnateur devra donc s'organiser pour, lui aussi, compter sur un filet de sûreté s'il veut éviter d'être à bout de forces. Ainsi, afin de mieux vivre l'accompagnement, il est essentiel pour l'accompagnateur d'être également à l'écoute de ses propres besoins afin qu'il puisse, autant que possible, prendre également soin de lui-même.

En ce temps propice au dévouement à l'autre, il est normal d'éprouver une certaine résistance à se réserver des périodes de ressourcement pour soi-même. Mais à l'instar d'une voiture qui peut manquer d'essence, nous pouvons également être à court d'énergie si nous ne faisons pas des choix visant aussi notre mieux-être. Il n'est pas nécessaire de s'accorder de longues périodes, il existe une panoplie d'activités ou de soins qui demandent peu de temps, mais qui peuvent s'avérer salutaires. Certaines personnes trouvent difficile de s'accorder de petites gâteries pendant qu'une personne qu'elles aiment vit ses derniers moments.

En fait, je ne parle pas ici d'abandonner les siens et de partir une semaine sur les plages d'Hawaï ! Ce dont il est question, c'est de prendre conscience du taux vibratoire qui nous habite pour savoir s'il demande à être rehaussé. Il ne faut pas perdre de vue que les énergies qui nous animent sont également des énergies qui seront aussi transférées à la personne en fin de vie. Veut-on lui transmettre des énergies d'épuisement ? De stress ? D'inquiétude ? D'impatience ? En fait, s'accorder de petites pauses « récupération » et prendre le temps nécessaire pour penser à soi avant de retourner au chevet de l'être cher, c'est se permettre de renouveler ses énergies afin d'offrir le meilleur de soi-même à la personne qu'on aime.

ÊTRE À L'ÉCOUTE DE SES BESOINS

Pour être sûr d'avoir les capacités et l'énergie nécessaires pour accompagner un être cher vers la mort, il importe de prendre soin de soi et de s'assurer de répondre à quelques besoins de base.

- **Sommeil et repos**

Dans l'ensemble, le manque de sommeil est souvent ce qui déstabilisera le plus l'accompagnateur. Sans de bonnes nuits de sommeil, il est difficile de récupérer les heures perdues et de renouveler ses énergies. Cela peut conduire à une fatigue extrême, un manque de concentration, une irritabilité et un stress accru. Il n'est donc utile pour personne d'ignorer les signes de fatigue que le corps envoie. Pendant le sommeil, l'organisme se régénère et se répare. Le sommeil permet donc au corps de se maintenir en bonne santé, et au cerveau d'assimiler les événements de la journée. Alors, lorsque cela est possible ou que les symptômes de la fatigue s'installent, il est recommandé de demander à un proche de nous relayer auprès de l'être cher, l'instant d'une nuit ou de quelques heures d'un profond repos.

- **Alimentation et hydratation**

Faire le plein d'énergie passe aussi par une bonne alimentation. Malheureusement, il n'est pas rare que l'accompagnateur désigné ait moins d'appétit et que son alimentation soit déficiente. Les horaires chamboulés et la restauration rapide peuvent grandement nuire à un équilibre alimentaire et conduire à une importante perte d'énergie et à des malaises physiques. Ainsi, pour favoriser une meilleure santé, il sera important de bien se nourrir et de s'hydrater suffisamment. Selon Dre Imane Lahlou, docteure en nutrition et naturopathe :

« L'alimentation joue un rôle essentiel dans l'expression de notre énergie et de notre vitalité. »[1]

Ainsi, pour maintenir une bonne santé et une dose massive d'énergie, il est recommandé d'accorder une place privilégiée à une saine alimentation. Se préparer de bons petits plats contenant tous les groupes alimentaires, prendre régulièrement des collations telles que des fruits, des légumes ou des noix, et bien s'hydrater sont de belles façons de prendre soin de son corps. Et s'il devient difficile de réserver du temps à la préparation de bons repas, il est toujours possible de demander du soutien à un proche qui aime bien cuisiner. Même si la tentation est forte de succomber à la malbouffe ou même de sauter un repas, il faut se rappeler que de prendre le temps de manger et de choisir des aliments sains et faciles à digérer, cela fera en sorte que notre corps aura la capacité énergétique nécessaire pour accomplir les tâches demandées.

Comme mentionné plus haut, il est également essentiel de bien s'hydrater pour optimiser sa vitalité. Et il ne faut pas attendre le signal de la soif pour boire un grand verre d'eau. En effet, un apport insuffisant en eau peut provoquer des inconforts tels que la déshydratation, la bouche et la gorge sèches, un manque d'énergie, des maux de tête et des étourdissements. Alors, pour éviter les malaises physiques et maximiser une pleine santé, il est recommandé de boire environ deux litres d'eau par jour. Ainsi, avec une alimentation saine et une hydratation suffisante, l'accompagnateur pourra être pleinement présent, vibrant et plein d'énergie pour soutenir et accompagner la personne aimée.

---

1. Imane Lahlou, *Le Plaisir et la santé dans la même assiette*, Éditions du Sommet, 2011.

- **Bouger**

Tout comme notre corps a besoin de se reposer suffisamment, de s'alimenter sainement et de bien s'hydrater pour être plus en forme, il aura aussi besoin de bouger. De façon générale, en plus de contribuer à une bonne santé, l'exercice physique concourt à diminuer l'anxiété, favorise une résistance au stress et aide à maintenir un bon moral.

Certes, il n'est pas facile de trouver des moments dans la journée pour stimuler l'énergie de notre corps par le mouvement et l'exercice lorsque tout notre temps est consacré aux besoins de l'être cher en fin de vie. Toutefois, avec un peu d'imagination, il est tout à fait possible de faire un peu d'activités physiques. Par exemple, le matin au réveil, vous pouvez faire quelques étirements musculaires tout en prenant de profondes respirations qui contribueront à mettre votre corps et vos cellules en éveil. Durant la journée, vous pouvez faire quelques étirements à l'aide de bandes élastiques ou vous asseoir sur un ballon exerciseur. Aussi, lors de la sieste de l'être cher, vous pouvez faire une marche dans le quartier ou une courte randonnée en nature, dans un parc ou en forêt pour revitaliser votre corps et oxygéner vos cellules.

Quelle que soit l'activité que vous choisirez, l'important est de bouger pour optimiser votre énergie. Car la vitalité passe aussi par le mouvement !

LAISSER LIBRE COURS AUX ÉMOTIONS

Il est tout à fait normal de se sentir remué par les émotions que l'accompagnement en fin de vie suscite. Les répercussions engendrées par l'évolution de la maladie, la perte d'autonomie de l'être cher et les aléas du deuil sont des situations auxquelles nous ne sommes pas habitués de devoir faire face. Si on ajoute à cela une fatigue intense et une émotivité à fleur de peau, il y a de fortes chances qu'un trop-plein d'émotions demande à être libéré.

Les émotions sont intimement liées à ce que nous sommes et lorsqu'elles font surface, cela nous indique que notre être vulnérable a besoin qu'on s'occupe de lui. S'il est naturel de faire face à des émotions troublantes lors de l'accompagnement, il est tout à fait normal aussi de les exprimer. Nous acceptons d'emblée que nos proches vivent des émotions, mais malheureusement nous avons tendance à nier les nôtres afin de rester « fort » et pour ne pas bouleverser davantage l'être cher qui en a déjà bien assez à gérer.

Pourtant, ne pas se permettre de vivre ses émotions lorsqu'elles émergent n'aide en rien. Nous oublions trop souvent à quel point les larmes peuvent s'avérer libératrices pour le cœur et l'âme. De plus, laisser libre cours à ses émotions peut engendrer une ouverture chez la personne en fin de vie qui éprouve parfois des difficultés à libérer ses émotions. Par conséquent, si accueillir l'autre dans ses émois, c'est être présent à ce qu'il vit à l'intérieur de lui, accueillir ses propres émotions, c'est aussi être présent à soi-même dans l'ici et maintenant.

Pour un meilleur soutien, il peut être aidant et réconfortant de se tourner vers les autres. Exprimer ses peines, ses peurs et ses inquiétudes à un membre de la famille ou à un ami permet de libérer des émotions qui rongent de l'intérieur et qui peuvent nuire à l'accompagnement en cours. Se confier, crier ou pleurer contribue à une libération émotive qui engendre par la suite un état de détente bénéfique pour le cœur, le corps et l'esprit. Aussi, on retrouve en centre hospitalier et en centre de soins palliatifs, un service de pastorale qui assure un soutien émotif et spirituel pour les familles et pour les proches. Ce soutien permet, entre autres, d'offrir une écoute attentive et compatissante aux gens qui n'ont personne à qui se confier.

Lorsque nous faisons face à une émotion, nous ne contrôlons pas toujours sa force et sa durée. Dans les cas de grandes colères, de profonds désarrois ou de vives émotions, il peut s'avérer utile de demander à un proche de prendre le relais, le temps de libérer la charge émotionnelle et de retrouver son calme. Et pour notre mieux-être, il convient bien sûr d'accueillir avec amour et non-jugement ce que le corps cherche à libérer. S'accorder un temps de solitude pour se défouler, ou un moment de qualité avec un proche ou un professionnel pour exprimer un trop-plein émotif, est non seulement un beau cadeau à se faire, c'est aussi une belle preuve d'amour pour l'être cher en fin de vie.

Et pour maximiser l'état de bien-être que procure la libération des émotions, il est recommandé de prendre de profondes inspirations. Respirer consciemment procure de grands bienfaits et permet également d'être totalement présent à soi et à notre environnement avant de retourner au chevet de la personne qu'on aime.

FORCE INTÉRIEURE

Nous avons tous en nous une force intérieure insoupçonnée sur laquelle on peut compter dans les moments difficiles. Comme le dit le bon vieil adage: «*Nous avons en nous la force de nos épreuves*». En effet, même si le défi est grand et que la douleur et les difficultés semblent insurmontables, plusieurs affirmeront avoir pu compter sur leur force intérieure pour traverser les moments les plus durs. Cette force, logée au plus profond de notre être, nous permet de faire face aux écueils de la vie avec courage, solidité, patience, confiance, persévérance et assurance. Cependant, il est normal que cette force puisse vaciller en fonction du degré de fatigue, du lot émotif et des épreuves rencontrées en cours de route. Mais par des trucs et des méthodes simples, il est tout à fait possible de se rebrancher à sa force intérieure pour mieux vivre l'accompagnement.

Lorsque la force intérieure devient chancelante, il peut s'avérer utile d'avoir de bons livres inspirants à portée de main. Il s'agit parfois de quelques pages ou même d'une seule phrase pour nous redonner le courage et l'ardeur nécessaires. Plusieurs moyens peuvent ainsi être utilisés pour vous aider à conserver votre volonté et à maintenir le cap. Tout comme les livres, un bon repos, une marche en plein air, une prière récitée avec cœur et la lecture de pensées inspirantes peuvent également être de très bons alliés. De plus, des cartes oracles, communément appelées cartes angéliques, regorgent de pensées et de messages qui font du bien au cœur et à l'âme. Au quotidien ou selon les besoins, piger une telle carte peut être une belle et douce façon de se rebrancher à cette force qui nous habite.

Dans l'épreuve, chacun trouvera sa source d'inspiration et les méthodes qui conviennent le mieux pour stimuler sa propre énergie et sa force intérieure. Mais quel que soit le moyen utilisé, l'important est d'être à l'écoute de ses ressentis et de ses besoins pour pouvoir intervenir et rallumer la flamme du courage, de la volonté et de la force intérieure.

MANTRA

Je suis calme, enraciné et bien centré dans mon corps. La force et le courage m'habitent. Je sais que la vie me soutient et qu'elle ne me laissera jamais tomber.

TRAVAILLER DE CONCERT AVEC SES GUIDES SPIRITUELS

Nous avons tous un guide spirituel qui nous accompagne jour et nuit, et qui est toujours prêt à donner un coup de main dans les moments difficiles. Il n'attend qu'un signe de notre part pour prêter main-forte. Son mandat, depuis notre naissance, est de nous accompagner et de nous épauler tout au long de notre vie. Notre guide ne peut certes pas prendre des décisions à notre place ou interférer contre le plan divin, mais si on lui en fait la demande, il se fera un plaisir et un devoir de vous aider à traverser les épreuves. Qu'il s'agisse de demander de l'aide pour soulager la tristesse ou pour des besoins plus techniques, tels que de faire une demande pour une chambre individuelle, espérer rencontrer tel ou tel médecin, ou obtenir une belle place de stationnement, les guides spirituels sont ingénieux, efficaces et fort créatifs.

D'ailleurs, il n'est pas rare, qu'après une demande d'aide à un guide spirituel, que des gens affirment avoir reçu un appel téléphonique d'un ami prêt à tendre l'oreille, qu'ils ont reçu en cadeau exactement le livre dont ils avaient besoin, qu'une situation s'est dénouée d'elle-même, ou que même un miracle s'est produit. Si les guides ne peuvent nous soustraire à l'épreuve, ils peuvent assurément nous guider vers les ressources et les meilleures solutions possible pour notre mieux-être et notre évolution. Il ne tient qu'à nous de faire la demande et d'être à l'écoute des signes et des synchronicités qu'ils mettront sur notre route.

APPEL AU SOUTIEN DIVIN

Avant de faire votre demande de soutien, assurez-vous d'être bien enraciné et d'avoir pris quelques profondes inspirations. Et lorsque vous êtes dans un état de calme et de détente, vous pouvez procéder à la demande suivante.

Je fais appel à la présence immédiate de mon guide spirituel, de ma famille d'âmes bien-aimée, des anges ainsi que des êtres de lumière qui m'accompagnent dans ma vie. Je fais appel au soutien divin et à sa lumière pour nous soutenir avec amour dans (nommez la situation qui vous préoccupe et faites part de vos demandes).

Merci de veiller sur nous et de nous apporter aide et soutien. J'ai confiance que vous travaillez au nom de l'amour et pour le bien de tous.

DEUXIÈME PARTIE

Le dernier souffle

« L'amour est plus fort que la mort. Les êtres qui se sont aimés d'un amour véritable ne se quittent jamais, leur âme franchit tous les obstacles de la matière. »

— Omraam Mikhaël Aïvanhov

Pour l'être cher en fin de vie, le dernier souffle est la rencontre ultime avec la mort. Redouté par certains, tant espéré par d'autres, il n'en demeure pas moins que ce rendez-vous final est une réalité inéluctable. Dans une société où l'on prône la vie et le combat, la mort peut sembler une grande fatalité. Mais pour tous ceux qui parviennent à admettre que la mort fait partie intégrante de la vie, les derniers instants conduisant au trépas peuvent être d'une richesse unique et sans égale.

Être au chevet d'une personne qu'on aime pour l'accompagner dans la mort est un moment privilégié rempli de grâce et de beauté. Malgré la tristesse, c'est une opportunité qu'il nous est permis de réaliser avec courage, humilité et don de soi. Tendre la main avec amour pour rassurer et accompagner l'être cher dans sa grande traversée est sans doute l'une des plus grandes preuves d'amour. Et même s'il est plongé dans un coma, dans ce moment d'union ultime, les liens du cœur sauront créer une ouverture propice au lâcher-prise et à l'élévation de son âme.

Qu'il s'agisse de reconnaître les signes avant-coureurs de la mort ou de trouver la force et les ressources nécessaires pour soutenir une personne qu'on aime dans son dernier souffle, la qualité de présence et l'écoute attentive du corps et du mouvement de la vie sont essentielles pour un accompagnement enveloppant, sécurisant et empreint de douceur. Car ainsi uni à l'autre dans l'amour, ce n'est pas la mort que l'on verra apparaître, mais bien la métamorphose de la vie que nous pourrons vivre et accueillir ensemble.

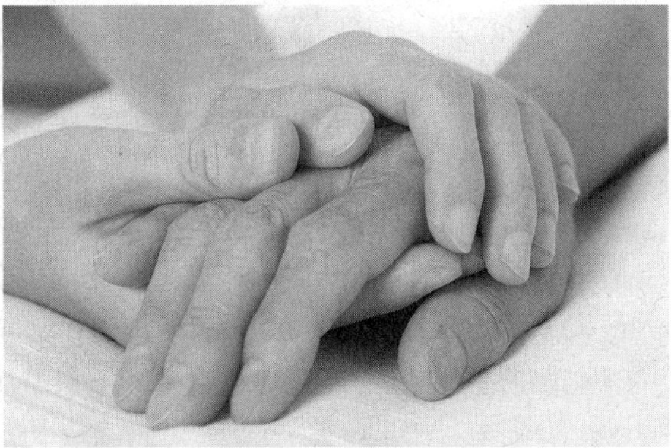

CHAPITRE 4

Soutien à l'être cher en fin de vie

Le dernier souffle

Malgré notre souhait le plus sincère de voir l'être cher soulagé de ses souffrances, on s'accroche bien souvent à ces dernières heures comme si l'on pouvait retenir le dernier grain du sablier. Encore un souffle, un petit souffle, symbole de sa présence que l'on voudrait graver au creux de son cœur pour que jamais le souvenir ne s'efface. Être témoin des derniers vestiges de la vie qui s'enfuit n'est certes pas facile et cela devient plus douloureux lorsque notre regard est porté sur la peur et le manque. Pourtant, dans ce dernier moment, tout comme dans la vie, nous pouvons choisir – et nous dirons même que nous avons le devoir de porter toute notre attention sur celui qui nous quitte et sur l'amour qui orchestre si bien le tout.

À cette étape de la fin de vie, bien des gens se questionnent sur les soins à prodiguer avant le grand départ. *Quelle est la nature des soins de confort? Puis-je l'aider à lâcher prise des résistances qui le retiennent encore ? Comment puis-je être à l'écoute de ses besoins alors que l'être cher est bien souvent inconscient ? Comment puis-je l'aider à faire le passage dans le calme et la sérénité ?*

Au cours des prochaines pages, vous découvrirez qu'il est encore possible d'accompagner l'être cher dans ses dernières heures et lors du dernier souffle. Par votre douce présence et de petites attentions, vous pourrez établir les bases d'un départ en toute dignité.

LES DERNIÈRES HEURES

Alors qu'il est au seuil de la mort, les besoins de l'être cher ne sont plus les mêmes que durant sa maladie. Si une médication lui est encore donnée, c'est habituellement pour soulager la douleur et lui offrir un certain confort. Souvent, à ce stade, la personne est sous sédation palliative ou plongée dans un coma naturel. Pourtant, même inconscient, l'être cher en fin de vie peut bénéficier de petites attentions enveloppées de tendresse.

Soins de base

Lorsque la personne est plongée dans un coma naturel ou sous sédation palliative, il est très difficile d'évaluer si celle-ci est consciente des soins de confort que nous lui offrons. Les fonctions cérébrales étant un phénomène complexe, il est épineux de reconnaître sans ambiguïté les signes d'une perception ou d'une action consciente chez les personnes dans le coma. Toutefois, même dans cette condition, il existe divers degrés de conscience permettant de croire qu'une personne peut ressentir notre présence et les soins qu'on lui prodigue. En effet, *l'état de conscience minimale*[1] dans le coma permettrait à quelqu'un d'être conscient de son environnement, de pleurer en entendant la voix d'une personne aimée, d'émettre un son ou encore de faire un geste qui signifie oui ou non.

UN BEAU MERCI AVANT LA MORT

En tant qu'infirmière dans un centre de soins palliatifs, on m'avait confié une dame âgée de 52 ans qui était plongée dans un coma depuis près de 18 heures. Entourée de sa famille qui veillait à son chevet, elle était là, inconsciente, et on percevait à peine sa respiration.

L'infirmière de jour qui était passée pour évaluer sa condition avait pris soin d'expliquer à la famille qu'il y avait de fortes chances que la dame meure lors du prochain changement de position dans le lit. Comme les proches attendaient la jeune fille de la dame, ils m'ont demandé de ne pas effectuer le changement de position maintenant. Un peu plus tard, lorsque la jeune fille fut arrivée, je me suis approchée de la dame tout en douceur. Je lui parlais constamment et je lui ai administré de la morphine pour la soulager même si la douleur ne semblait pas apparente.

Lorsque tout le monde fut prêt, nous avons procédé au changement de côté. Puis, au moment où je l'ai tournée vers moi, elle se trouva tout près de mon visage. Elle a soudainement ouvert les yeux, elle m'a regardée et elle a murmuré « merci... » Je l'ai déposée sur le dos puis elle est morte.

Des larmes de gratitude et d'admiration me sont alors montées aux yeux. Et encore aujourd'hui, je salue le courage de cette grande dame et je la remercie de me rappeler que même dans un coma, certaines personnes peuvent être conscientes et reconnaissantes des soins que l'on prodigue avec amour.

CAROLE CHARLEBOIS,
Infirmière

1. http://www.coma.ulg.ac.be/papers/french/Coma_PourLaScience2002.pdf.

Comme il est souvent impossible pour les proches d'évaluer le degré de conscience de l'être cher, il est fortement recommandé d'être encore aux petits soins pour lui, et ce, jusqu'à la toute fin. Ainsi, vous pouvez humecter ses lèvres et faire une légère toilette pour rafraîchir son visage, son cou, ses bras et ses mains à l'aide d'une débarbouillette humide.

Si le cœur vous en dit, vous pouvez également peigner ses cheveux une dernière fois ou procéder à tout autre geste de coquetterie qui lui aurait fait plaisir. Le confort au lit est également quelque chose d'essentiel auquel il faut porter attention. Sans nécessairement bouger le malade, on peut s'assurer que les couvertures sont bien placées et que ses vêtements ne lui causent aucune gêne en étant trop serrés ou mal ajustés. Après ces vérifications d'usage, on peut le couvrir tout doucement d'une couverture chaude et confortable. Et tout en ayant une main rassurante posée sur lui, vous pouvez lui murmurer de petits mots doux et réconfortants pour le cœur et l'âme.

Visiteurs

Aussi difficile que cela puisse être, il est normal pour les membres de la famille de vouloir être présents durant les dernières heures et au moment du décès. En phase terminale, la présence des proches devient souvent une source inestimable de réconfort et de soutien lors du grand passage. En effet, l'être cher a besoin plus que jamais de l'amour de ses proches pour procéder à l'ultime lâcher-prise qui lui permettra de quitter ce monde.

Toutefois, il arrive que certaines personnes éprouvent de grandes difficultés à laisser partir ceux qu'ils aiment. Si les émotions ne sont pas bien gérées, leurs agissements et leurs émois peuvent nuire, tant à l'être cher qu'aux proches réunis auprès du mourant. Certains ressentent une grande colère qu'ils ont de la difficulté à réprimer. D'autres, en plein désarroi ou même sous l'effet de l'alcool ou autre stupéfiant, pourraient venir troubler les énergies et l'ambiance dans la chambre. Donc, si par maladresse une personne en état d'ébriété avancée se présentait au chevet de l'être cher ou qu'une personne bouleversée devenait hystérique, il conviendrait d'accompagner cette personne à l'extérieur de la chambre ou bien chez elle, le temps qu'elle retrouve son calme et ses esprits.

Il est normal, lorsque les émotions sont à fleur de peau, d'être troublé et de verser des larmes, mais l'heure n'est pas aux conflits et aux débordements. Il convient donc de faire attention aux comportements et aux conversations qui ont lieu dans la pièce où se trouve l'être en fin de vie. En ces derniers instants sur terre, celui-ci a incontestablement besoin d'un environnement calme et de la présence apaisante de ceux qu'il a tant aimés.

Ambiance

Créer une belle ambiance pour la personne qui s'apprête à quitter notre monde est une autre magnifique façon de veiller à son mieux-être jusqu'à la toute fin. Aussi, il est beaucoup plus agréable pour les proches d'être au chevet lorsque l'énergie ambiante invite à la détente, au calme et à la douceur. Pour ce faire, il suffit de s'assurer que la température dans la pièce soit confortable, de tamiser les lumières ou de créer un éclairage feutré par des chandelles, des bougies électriques ou des lampes de sélénites ou en cristal de sel de l'Himalaya.

On peut également utiliser des huiles essentielles et de l'encens qui, en plus de favoriser une belle ambiance par son aromathérapie, seront propices au recueillement, à la prière et à l'élévation de l'âme. Vous pouvez aussi faire jouer de la musique douce, réciter des poèmes, lire des histoires ou chanter des berceuses. Et si vous êtes plus d'un à son chevet, il est recommandé de parler un à la fois et de façon posée. Réunis dans une ambiance chaleureuse, il peut être agréable de se remémorer des souvenirs heureux et empreints de tendresse. Créer une ambiance harmonieuse et à l'image de l'être cher en fin de vie, c'est sans contredit lui rendre un bel hommage et lui offrir des conditions gagnantes pour l'envol de son âme.

LA MUSIQUE… DIFFÉREMMENT !

Tel que nous l'avons abordé dans la section « Aide supplémentaire »[2] à la fin de ce livre, la musique est un excellent outil permettant l'expression des émotions lorsque la personne est plus réservée ou peu encline à s'exprimer sur les difficultés qu'elle vit et les émotions qu'elle ressent. Toutefois, à ce stade-ci, alors que l'être cher est souvent bien inconscient et s'apprête à libérer son dernier souffle, la musique en trame de fond servira un tout autre but que celui de l'expression des émotions. En effet, la musique possède de multiples bienfaits non négligeables en fin de vie. En plus de permettre à l'être cher et à ses proches d'être plus calmes et détendus, elle peut créer une belle ambiance chaleureuse propice au grand départ.

Toutefois, à moins qu'il ne s'agisse d'une demande précise de l'être cher de quitter l'existence au son d'une musique qu'il a particulièrement aimée, il conviendra davantage d'opter pour des mélodies neutres ou des musiques sans paroles. En effet, si l'ouïe est encore active, les chansons préférées et les ballades bien connues peuvent évoquer de doux souvenirs, plongeant ainsi la personne en fin de vie et son âme dans un état nostalgique pouvant entraver le processus de détachement nécessaire au dernier souffle. Ainsi, afin de l'aider à lâcher prise sur les

2. La section « Aide supplémentaire » se retrouve à la page 203 de ce livre.

derniers liens qui la rattachent encore à la terre, il convient davantage de faire jouer des pièces musicales telles que des musiques douces et de relaxation.

LA PRIÈRE

L'un des moyens privilégiés par plusieurs pour soutenir une personne aimée lors de son passage vers la mort est sans contredit la prière. Prier, c'est d'abord faire un acte de foi et d'amour en élevant notre esprit vers Dieu ou toute autre entité suprême. Depuis la nuit des temps, toute religion et toute croyance confondues, la prière a permis à des millions de gens de s'unir au divin pour demander des faveurs ou recevoir sa grâce, son soutien et son amour. Dans un état de recueillement, la prière permet également de demander l'assistance du divin pour ce grand départ qui se prépare. Réconfortante pour certains, un désir ou un besoin pour d'autres, la prière est certes un outil indispensable pour nous aider à renforcer notre résilience et à demeurer centré sur la foi qui nous anime.

La prière est aussi une belle façon de nous unir directement à la personne en fin de vie, car c'est par les vibrations d'amour émises par le cœur que la prière se déploie tel un catalyseur entre deux âmes. Ainsi, au moment de la prière qui nous unit à l'autre, il convient de se laisser porter par les doux sentiments du cœur pour nous inspirer les mots justes et réconfortants. En fait, prier pour une personne qu'on aime et qui s'apprête à quitter la vie, c'est ouvrir son cœur pour laisser libre cours à la manifestation de l'amour. C'est lui offrir une part de lumière aux couleurs de notre âme pour éclairer le chemin qui se présente désormais à elle.

Mais sachant que le passage est un moment empreint d'émotions qui peut parfois nous laisser sans mots, il est tout à fait possible de lire une prière que l'on aurait préalablement composée, ou de réciter une prière que l'on connaît déjà ou que l'on aurait trouvée dans un livre. Qu'il s'agisse de prières toutes faites, composées ou spontanées, il faut se rappeler que ce sont avant tout les vibrations du cœur qui sauront lui offrir le réconfort dont elle a besoin pour mieux vivre la transition vers cette nouvelle vie qui s'ouvre à elle.

Voici une prière qui peut être utilisée pour assister une personne chère qui se prépare à faire le grand voyage.

PRIÈRE DU CŒUR

Cher (nommez le prénom de l'être cher),

Sache que je suis à tes côtés et que j'y serai encore même après ton dernier souffle. Sois rassuré ! Par la présence du cœur, je t'offre tout mon amour et je te tiens la main pour aborder ce nouveau chemin...

Tout a été accompli maintenant. Tu peux t'envoler en toute confiance, va te reposer... va ! Sois rassuré, je suis encore à tes côtés et l'amour qui nous unit survivra...

De l'autre côté, ta famille et ton guide t'attendent à bras ouverts. Pars les retrouver, tu seras tant aimé ! Sois rassuré, je te guide jusque-là et je t'aimerai toujours d'ici-bas...

Sois heureux, et pars le cœur léger et en paix. Mon amour sans fin et sans frontière t'accompagne déjà et jusque dans l'au-delà.

Je t'aime et je te dis à bientôt.

LA RÉSISTANCE À LA MORT

Pour diverses raisons, il arrive que l'être cher tarde à partir. Même si la personne est inconsciente, il ne faut jamais sous-estimer le pouvoir de l'inconscient. Nombreux sont les gens qui, même plongés dans un coma naturel ou sous sédation palliative, ont résisté jusqu'à ce qu'un conflit soit réglé ou que le petit dernier se rende à son chevet. Certains, ne l'ayant jamais accepté refusent tout simplement de mourir alors que d'autres ont peur de la mort, éprouvent une grande peine de quitter une personne aimée, ou ressentent encore une certaine responsabilité envers un ou plusieurs proches.

Bien qu'il soit impossible de déceler toutes les raisons qui poussent l'être cher à prolonger son séjour, il est cependant possible de l'aider à se détendre et à lâcher prise par rapport à ses résistances. Il existe de multiples façons d'apaiser une personne en fin de vie. Il suffit de faire preuve de créativité et de laisser parler son cœur pour la rassurer et la dorloter comme elle l'aimait.

En effet, si l'être cher semble tendu, on peut lui jouer une musique avec un instrument qu'il appréciait, on peut lui chanter une chanson douce, lui réciter une prière, un poème, lui faire la lecture ou un léger massage des pieds et des mains s'il aimait être touché. Bien sûr, lui parler tout doucement en le rassurant sur son bilan de vie, sur ce qui l'attend de l'autre côté ou sur le bien-être de ceux qu'il laisse derrière peut grandement le rassurer et lui permettre de quitter le cœur en paix. D'ailleurs, une personne calme et l'esprit en paix partira beaucoup plus aisément qu'une personne troublée et résistante.

Il est important de mentionner que certaines personnes, contrairement à d'autres qui désirent être entourées, trouveront plus difficile d'aller vers la mort en présence de l'un ou de plusieurs de leurs proches. Le lien d'attachement et l'amour qu'elles éprouvent pour les leurs peuvent faire en sorte qu'elles étireront encore quelques instants le temps de vie dans leur corps physique, freinant ainsi leur élan vers l'autre rive. Et c'est pourquoi elles partiront quand elles seront seules et qu'elles auront la force et le courage de quitter leurs proches. Ainsi, rien ne sert de culpabiliser si vous devez vous absenter, ne serait-ce que quelques minutes, et que l'être aimé en profite pour libérer son dernier souffle. L'être cher et son âme savent bien souvent mieux que nous dans quelles conditions ils veulent quitter la terre et faire leur entrée dans l'autre monde.

AU REVOIR, MON FILS

Par un bel après-midi d'automne, Martin et son amoureuse, Suzanne, discutaient de divers sujets concernant la vie après la mort. Étant curieux de nature, Martin aimait bien échanger avec Suzanne qui avait de bonnes connaissances en ce domaine et qui faisait de la canalisation depuis près de 10 ans. Tout en réfléchissant sur comment les défunts pouvaient vivre le grand passage, Martin ne pouvait s'empêcher de penser à son père qui avait rendu l'âme, 20 ans plus tôt. C'est alors que Denis, le père de Martin, se présenta tout sourire à Suzanne qui s'empressa alors de prendre une feuille et un crayon pour transcrire le message que voici, et qui, comme une belle caresse, apaisa le cœur de Martin.

Cher Martin,

Lorsque je me suis réveillé après ma chirurgie cardiaque, je croyais vraiment que j'allais survivre. D'ailleurs, je discutais avec l'infirmière et je lui disais à quel point j'avais hâte à ta visite du soir, quand j'ai soudainement ressenti un pincement au cœur. Par la suite, j'ai perdu connaissance et c'est à ce moment que j'ai su que mon heure était venue.

Je suis tout à coup sorti de mon corps physique et je me sentais perdu. Je voyais la chambre d'hôpital, mais il y avait aussi comme une boule de lumière blanche avec maman à l'intérieur qui m'appelait. Elle m'a dit tendrement: « Viens, mon beau, suis-moi. » Elle m'a aidé à traverser cette lumière et elle m'a ensuite serré très fort dans ses bras.

Tu sais, mon fils, j'ai ressenti une grande peine lors de mon départ, car j'aurais tant aimé que tu sois à mes côtés. D'ailleurs, il était prévu dans le plan initial de nos âmes que tu sois auprès de moi à mon départ. Mais nous étions si proches ; plus qu'un fils, tu étais aussi un ami pour moi. Comme j'aurais aimé te serrer dans mes bras pour sentir ton réconfort, mais je craignais de retarder mon départ. Et sachant que tu étais en route pour me voir à l'hôpital, j'ai changé le plan initial en demandant à ton âme de pouvoir quitter en ton absence et celle-ci accepta. Pardonne-moi, mais je croyais aussi que ce moment aurait été très difficile pour toi et je ne voulais pas te causer cette peine de me voir partir. Sache que lorsque tu es arrivé à l'hôpital, j'étais à tes côtés et je pleurais également. Cela m'attristait de te voir pleurer et de devoir te quitter ainsi que ta sœur, ton frère et ta mère que j'aime tant. Vous êtes si précieux à mes yeux, et dans cet élan d'amour que j'éprouvais pour vous, je fus en paix avec ma décision de vous épargner mon départ.

Puis, j'ai à nouveau aperçu maman et cela m'a rassuré. On m'appelait, le temps était venu ! Il y avait un Maître qui m'attendait avec des êtres décédés tout autour de lui. C'était doux et paisible, et je me sentais léger. Ils me tendaient les bras avec amour, et malgré ma douleur de vous quitter, j'étais habité par un grand bonheur de revoir les miens. Et de là où j'étais, je vous envoyais mes plus belles pensées d'amour.

MARTIN GAMACHE,
Inspecteur des aliments

LES CHANGEMENTS PHYSIOLOGIQUES, IMMINENCE DU DÉCÈS

La mort est souvent associée au dernier souffle et à l'arrêt des battements du cœur. Pourtant, la mort n'est pas seulement l'arrêt d'un organe en particulier, mais bien un processus auquel tous les tissus du corps humain prennent part. Et même s'il s'avère impossible de déterminer à l'avance le moment de la mort, il existe tout de même différents signes et symptômes annonciateurs d'une fin imminente. Et bien que ces signes ne surviennent pas dans un ordre particulier et qu'ils peuvent varier d'une personne à l'autre, voici tout de même des changements physiques visibles, présageant que la mort approche.

La circulation sanguine

En fin de vie, la circulation sanguine périphérique est diminuée pour se concentrer aux organes vitaux tels que le cœur, les poumons et le cerveau. Partant de ce fait, les jambes et les bras deviennent plus pâles et peuvent même être plus froids au toucher. Le ralentissement du flux sanguin peut également engendrer une décoloration de la peau et des petites taches bleuâtres peuvent apparaître.

Changements corporels

Une personne en fin de vie pourrait commencer à transpirer davantage, surtout la nuit. La peau devient alors moite et froide. Les yeux sont complètement fermés ou mi-ouverts et vitreux. La mâchoire est tombante et il y a possibilité d'écoulement de sécrétion par la bouche. La personne est souvent dans un état semi-comateux.

La respiration

En général, la respiration suit un rythme régulier. Mais dans les dernières heures de vie, celle-ci devient moins profonde, plus rapide et parfois suivie de longues pauses. Selon le Portail canadien en soins palliatifs : « … *Quand un patient fait des pauses respiratoires, on observe des rythmes bien définis. On remarque des groupements de respirations rapides caractérisés au départ par des souffles légers qui deviennent plus profonds, suivis de souffles de moins en moins profonds. On compte généralement de 5 à 10 respirations par groupement, chacun étant espacé d'une pause pouvant durer de quelques secondes à 30 secondes.* »[3]

La respiration peut également être plus bruyante (râlements) attribuable à des sécrétions pulmonaires. Et quoique cela puisse être bouleversant pour les personnes étant à son chevet, la personne en fin de vie est souvent inconsciente et nullement gênée par ces sécrétions. Finalement, il arrive que des patients bougent les épaules lors de la respiration donnant ainsi l'impression qu'ils éprouvent des difficultés respiratoires. Toutefois, il s'agit simplement de l'emploi de différents muscles pour régler la respiration.

LA MORT

Les signes les plus évidents de la mort sont habituellement l'arrêt de la respiration et l'absence totale de mouvements respiratoires. Il y a aussi l'arrêt des battements cardiaques et le pouls au niveau du cou et du poignet n'est plus perceptible. Au moment de la mort, il peut également y avoir un relâchement des intestins et de la vessie. Si les paupières sont légèrement ouvertes, le regard sera fixe et il n'y a plus de clignements. Les traits du visage sont relâchés, la mâchoire est décontractée et la bouche est souvent entrouverte.

APRÈS LA MORT

Après la mort du corps physique, prenez le temps qu'il faut pour vous recueillir et demeurer auprès du corps tant que cela

3. http://virtualhospice.ca/fr_CA/Main+Site+Navigation/Home/Topics/Topics/Final+Days/When+Death+Is+Near.aspx.

est nécessaire. Il est toutefois recommandé, si le défunt est couché sur le côté, de le tourner sur le dos le plus rapidement possible, de fermer ses yeux et de fermer sa bouche à l'aide d'une serviette enroulée sous le menton avant que la rigidité cadavérique ne s'installe. En effet, après quelque temps, le corps devient rigide, se refroidit et change de couleur.

Certaines personnes préfèrent que ce soit le personnel soignant qui s'occupe des derniers soins au corps physique de l'être cher décédé. Ayant l'expérience, ceux-ci ont l'habitude de repositionner le corps et d'aménager l'environnement afin que les membres de la famille puissent faire leurs derniers adieux au défunt.

Chacun des proches restés au chevet vivra le grand départ à sa façon et à son rythme. Il est difficile de prévoir comment les proches réagiront après le décès. Certains éprouveront un grand vide, une colère ou une peine immense, alors que d'autres ressentiront un soulagement de voir l'être cher abandonner ses souffrances, ou éprouveront une certaine joie de le savoir auprès des siens dans l'au-delà.

Et pour ceux qui veillaient au chevet et qui réprimaient leurs émotions afin d'être « forts », il est tout à fait normal que les digues érigées s'effondrent au moment du décès. En fait, que l'on soit assailli par un flot d'émotions ou que l'on ressente un soulagement, l'important c'est de ne pas culpabiliser vis-à-vis de ses réactions. Accueillir et exprimer ses émotions sans jugement est non seulement bénéfique pour la santé, c'est se permettre de faire face à la perte et d'entrer progressivement dans le processus de deuil.

CHAPITRE 5

Soutien à l'âme de l'être cher décédé

Le dernier souffle

Que son âme repose en paix ! Voilà une phrase que l'on entend souvent à l'annonce du décès de quelqu'un. Au sens propre comme au sens figuré, cette phrase évoque une profonde sympathie et se veut un souhait sincère pour le repos de l'être cher. Mais qu'en est-il réellement pour l'âme ? Comment vit-elle la sortie définitive du corps physique et son arrivée dans l'au-delà ? Et dans cette grande transition, pouvons-nous l'aider ?

Au moment du décès, alors que l'âme est en suspens au-dessus de son corps ou à proximité des gens qu'elle aime, elle est bien souvent habitée par une certaine dualité entre la peine de quitter ses proches et le désir de tendre vers cette lumière, cet amour si puissant qui l'invite et l'appelle. C'est pourquoi, en fonction du vécu et des croyances du défunt, certaines âmes réussiront à faire le passage aisément alors que d'autres trouveront plus laborieux de quitter leurs proches.

Ainsi, même après la mort, l'accompagnement de l'être cher doit se poursuivre, mais sous une tout autre forme. C'est en s'adressant à son âme et en étant à l'écoute des signes et des messages émis par le défunt que nous pourrons le soutenir, tant dans le deuil de son corps physique et de son passage sur terre que dans l'apprivoisement de cette nouvelle réalité qui s'offre maintenant à lui. C'est lorsque l'âme se sent soutenue et aimée qu'elle peut amorcer son ascension en toute sérénité, en toute confiance et dans la douceur de l'amour qui les unit aux siens comme au divin.

L'ARRIVÉE DANS L'AU-DELÀ

Au dernier souffle, le passage vers l'autre rive se fait toujours en présence de la lumière. Dans son livre *Les 7 bonnes raisons de croire à l'au-delà*, Dr Jean-Jacques Charbonier raconte que tous ceux qui auraient vécu un phénomène de mort temporaire auraient rapporté avoir été en présence de lumière. « *Par exemple, un enfant victime d'un arrêt cardiaque dit avoir vu "un grand monsieur qui s'éclairait tout seul" pour décrire l'être de lumière. Certains rencontrent Jésus-Christ, d'autres Bouddha, la vierge Marie ou encore le prophète Mahomet ; la divinité aperçue dans la lumière se métamorphose en fonction des croyances et des religions. Un élément est retrouvé dans cent pour cent des cas : pour ceux qui ont connu la chose, la vie se poursuit après la mort et l'au-delà existe.* »[1]

Ainsi, selon les croyances et les désirs du défunt, celui-ci se retrouvera rapidement en présence des anges, de guides spirituels ou de certains membres de sa famille également

1. Jean-Jacques Charbonier, *Les 7 bonnes raisons de croire à l'au-delà*, Guy Trédaniel éditeur, 2012, p. 25.

décédés. Répondant à son souhait conscient ou inconscient, ils seront là pour l'accueillir et le guider dans son ascension, et ce, avec le plus grand amour qui soit. Cependant, compte tenu de son état, du vécu qu'il a eu sur terre ou des liens d'attachement qui le retiennent encore, certaines âmes peuvent éprouver une difficulté à percevoir la lumière et les êtres qui l'entourent. D'autres, bien qu'elles perçoivent et ressentent leur présence, ne sont tout simplement pas encore prêtes à se diriger vers eux.

Toutefois, tant et aussi longtemps que l'âme n'atteindra pas cette lumière, elle peut « ressentir » encore les douleurs physiques et les douleurs émotives qui sont logées dans ses corps d'énergie et qu'elle interprète comme « réel ». Et c'est là que l'accompagnement de l'âme prend tout son sens. Être à son écoute, et ce, rapidement après le décès, pour savoir si elle va bien ou si elle a besoin d'aide est un gage d'amour profond et permet sans aucun doute au défunt de trouver la paix et d'amorcer son ascension en toute quiétude.

Que l'être cher décédé emprunte ou non le chemin de l'ascension, il ne faut pas perdre de vue qu'à son arrivée dans l'au-delà, l'âme est encore habitée de ses corps éthérique, émotionnel et mental. Ces corps, contenant tout le vécu qui a modelé sa personnalité, font en sorte que de l'autre côté le défunt possède encore la même personnalité, le même bagage émotif et les mêmes croyances qu'il avait sur terre. C'est pourquoi il va souvent réagir de l'autre côté comme il aurait réagi de son vivant.

De ce fait, une maman cajoleuse et un peu « mère poule » voudra assurément se manifester rapidement pour donner signe de vie, rassurer les siens et veiller sur eux. Un être plus craintif voudra quant à lui qu'on le soutienne davantage par des prières ou de belles pensées d'amour. Pour apporter un soutien adéquat, il suffit de penser à la personnalité de l'être cher et de s'adresser à lui exactement comme on l'aurait fait s'il était encore devant nous. Vous connaissez mieux que quiconque ce qui le soulagerait ou lui ferait tant plaisir. Faites confiance à votre instinct et à l'amour qui vous guide.

L'UNIFICATION DES ÉNERGIES

Comme nous l'avons mentionné plus haut, au moment du décès, l'âme du défunt est souvent habitée par une dualité entre le désir de partir et la tristesse de voir pleurer ceux qu'elle aime et qu'elle peine à quitter dans cette vie. Mais accéder à la lumière ne signifie pas un départ absolu où il n'y a plus de contacts avec ceux qu'elle laisse derrière.

D'ailleurs, c'est souvent cette fausse impression qui fait en sorte que certaines âmes hésitent à poursuivre leur ascension. Il y a aussi toutes ces peurs, ces frustrations, ces peines ou ces regrets accumulés au cours d'une vie qui peuvent assombrir le champ énergétique du défunt, voilant ainsi la lumière tout autour. Et c'est seulement quand l'âme arrive à faire la paix avec ce qui l'habite que tout s'éclaire enfin et qu'elle peut accéder à la lumière, sa lumière !

Que l'être cher soit décédé dans de bonnes ou de moins bonnes dispositions, il est clair que notre soutien saura lui faire un bien inespéré. En s'unissant consciemment à son âme quelques instants après le décès, il devient alors possible de lui transmettre tout notre amour ou de l'apaiser si nécessaire pour qu'il puisse faire place à la lumière et au bien-être. Car entrer dans la lumière, c'est accepter de s'immerger dans de plus belles vibrations pour que la maladie s'estompe et que la peine se transforme en un élan de joie, d'amour et de vitalité tant mérités. C'est veiller sur les siens et être encore à leurs côtés, mais dans une énergie saine et renouvelée.

Ainsi, ce moment d'union avec l'âme du défunt devient alors pour elle une source de réconfort inestimable et une preuve absolue que les liens du cœur existent bien au-delà de la mort.

BESOIN DE TON AMOUR...

À ma demande, quelques semaines après son décès, l'âme de Roch me transmit un message qui m'aida à mieux comprendre ce qu'elle avait vécu au moment du décès et lors de son arrivée dans les plans subtils.

Voici la transcription de cette expérience telle qu'il me l'a décrite.

Bonjour, ma chérie,

Quelle joie pour moi d'être à nouveau en contact avec toi! Comme tu le sais si bien, je ne voulais pas mourir. J'avais peur. Je souffrais dans mon corps et je ne voulais pas te quitter. Mais l'heure est finalement venue, et ce, à un moment où tu n'étais pas à mes côtés. Ce fut difficile pour moi de partir sans toi, mais si tu avais été présente, cela aurait été encore plus pénible de te quitter.

Cependant, une fois sorti de mon corps, j'ai rapidement constaté que ton absence me faisait mal. J'étais dans un espace sans toi et je ne savais pas quoi faire ni où aller. Mes sens agités bousculaient mes énergies sans que j'arrive à les maîtriser. Je voyais ma famille que j'aime tant qui regardait mon corps et leur chagrin était palpable. J'aurais voulu les rassurer, mais j'avais tant besoin qu'on m'aide encore, qu'on se tourne vers moi et qu'on me parle doucement pour me rassurer et m'apaiser. J'ai eu soudainement tant besoin de ressentir ta présence!

J'avais besoin de m'unir à toi encore une fois pour puiser à la force de notre amour. Puis, tu es arrivée. Et à l'instant où tu as uni tes énergies aux miennes, je me suis senti mieux, beaucoup mieux. Cet instant de communion a eu pour effet de me rassurer et de m'aider à retrouver un calme, un mieux-être et une paix profonde. Puis, peu de temps après, je me suis sentie enveloppé par une douce lumière réconfortante. Et c'est à ce moment-là que je me suis senti revivre à nouveau.

J'ai compris alors que je pouvais suivre cette lumière en toute confiance et je savais intuitivement que même si je partais, j'allais pouvoir revenir, le temps qu'il faut, pour être avec toi et tous ceux que j'aime.

L'âme de Roch

CATHERINE POIRIER,
Thérapeute énergétique

Cette communication illustre bien la nécessité pour le défunt, surtout pour celui qui n'a pas accepté son décès ou qui a de forts liens d'attachement avec ses proches, de s'unir encore une fois aux personnes qui lui sont chères. Cette unification permet non seulement au défunt de s'apaiser, elle permet aussi aux proches laissés derrière de ressentir les bienfaits de l'amour émanant de cette connexion par le cœur. Loin d'être utopique, la liaison par le cœur n'est pas que métaphore et ses effets ont piqué la curiosité de bien des scientifiques.

D'ailleurs, le Dr Howard Martin explique dans son livre *L'intelligence intuitive du cœur* que, bien plus qu'un simple organe, le cœur posséderait sa propre intelligence intuitive qui se traduit par un champ électromagnétique reflétant l'émotif qui y est contenu. Et ce champ serait capté par tous ceux et celles partageant le même environnement. De ce fait, « *le champ électromagnétique généré par le cœur enveloppe tout le corps et s'étend dans toutes les directions dans l'espace qui nous entoure. Ce champ, de loin le plus puissant qui soit produit par le corps, peut être mesuré à plusieurs mètres de nous par des appareils sensibles.*[2]

2. Doc Childre et Howard Martin, *L'Intelligence intuitive du cœur : La Solution HeartMath*, Édition Ariane, 2005.

Ainsi, lorsque des sentiments sont ressentis, ils sont transmis dans le champ du cœur qui, lui, se propage dans un rayon de quelques mètres et transmet son énergie à toute personne et à toute âme étant à proximité. En outre, l'auteur à succès reconnu à l'échelle internationale à titre de pionnier des liens entre la science et la spiritualité, Gregg Braden[3], abonde dans le même sens en affirmant que le champ de notre cœur est réel et qu'il fait partie du monde qui nous entoure.

En prenant conscience de la réalité du champ électromagnétique de notre cœur, nous comprendrons l'importance d'exprimer rapidement des sentiments sincères et remplis d'amour pour la personne défunte. Elle pourra ainsi capter ces vibrations émises en toute conscience pour y puiser un réconfort et un mieux-être. Et en sachant que nous pouvons également ressentir le champ du cœur des gens et des âmes qui nous entourent, nous pouvons tout autant tirer profit des belles vibrations émises par le défunt à notre endroit.

Pour vous aider à unir vos énergies à celle de l'âme, nous vous proposons un exercice d'unification des énergies qui peut être réalisé tout de suite après le décès ou dès que cela est possible et que vous en ressentez la force. L'exercice n'a pas besoin d'être long, habituellement quelques minutes suffisent pour apaiser et stabiliser les énergies du défunt. Il suffit d'éprouver un désir sincère d'apporter un soutien à l'être cher dans son passage.

3. Gregg Braden, *La Divine Matrice*, Édition Ariane, 2007.

LE PONT DE LUMIÈRE

Avant de commencer l'exercice, assurez-vous de pouvoir vous recueillir quelques instants sans être dérangé et détendez-vous autant que possible. Il est tout à fait normal de pleurer lorsque l'être cher vient à peine de vous quitter, alors même si vous versez quelques larmes, il est tout à fait possible de vous unir au défunt. Ce sont avant tout vos intentions d'amour et votre souhait sincère de l'accompagner dans la lumière qui sauront l'apaiser et le soutenir dans son passage. Ensuite, prenez un moment pour l'aviser de vos intentions d'unir vos énergies aux siennes, et lorsque vous êtes prêt, amorcez l'exercice.

Après avoir pris quelques profondes inspirations pour vous détendre et bien vous centrer, portez uniquement votre attention au chakra du cœur qui est situé au centre de votre poitrine... Ressentez les battements de votre cœur, respirez calmement et ne tentez pas de retenir vos larmes...

Puis, demandez l'assistance bienveillante et protectrice de votre guide spirituel. Tout en ressentant sa présence arriver, continuez à respirer calmement et demandez que l'on apporte apaisement en votre cœur et en votre corps physique. Respirez profondément l'apaisement et le réconfort...

Puis quand vous êtes prêt, faites grandir en votre cœur tout l'amour que vous éprouvez pour l'être cher décédé. Pensez à son sourire, à ses qualités, à tout le bonheur que vous lui souhaitez de l'autre côté. Puis, dans cet état d'amour, invitez-le à s'approcher et à prendre place devant vous. Ensuite, par la visualisation, émettez toutes ces vibrations d'amour et tous ces souhaits en sa direction. Si vous le désirez, vous pouvez donner une forme, une couleur ou une symbolique précise à l'énergie d'amour émise. Cela peut prendre la forme des couleurs magnifiques de l'arc-en-ciel, d'une passerelle d'or étincelante, d'une douce pluie fine argentée ou d'une tout autre symbolique ou couleur qui inspire votre cœur. Laissez simplement votre imagination et votre amour vous guider...

Tout en lui offrant les plus belles couleurs de votre amour, continuez de respirer doucement et parlez-lui calmement pour le rassurer et l'apaiser. Rappelez-lui d'accueillir la lumière qui est présente non loin de lui afin qu'il puisse se connecter à l'énergie divine qui lui fera un bien immense. Expliquez-lui que tout comme il a besoin d'unir ses énergies aux nôtres pour se sentir apaisé, il a aussi besoin de s'unir à la lumière pour ressentir un grand mieux-être et pour entreprendre son ascension. Rassurez-le en lui disant que même s'il poursuit son chemin dans la lumière, les liens du cœur ne sont jamais rompus et il est toujours possible de rester en contact.

Dans cet espace de recueillement et d'union, prenez le temps de vous laisser imprégner également par les énergies d'amour qui vous unissent. Respirez profondément cet amour qui ne mourra jamais et qui vous apporte un réconfort mutuel. Et lorsque vous sentez que l'être cher semble plus calme et en paix, avisez-le que l'exercice prendra fin bientôt. Prenez le temps de lui dire au revoir, puis ramenez tout doucement le pont de lumière émis vers lui, en votre cœur.

Posez ensuite vos mains sur votre cœur et prenez un moment pour remercier l'être cher de sa présence et de sa participation à l'exercice. Puis, rendez grâce à l'amour et à la lumière qui vous habitent et qui imprègnent également le champ électromagnétique de votre cœur.

Prenez une dernière profonde inspiration, puis revenez complètement dans votre corps physique. Faites quelques étirements et ouvrez les yeux.

LA BÉNÉDICTION DES CHAKRAS DU DÉFUNT

Après le dernier souffle, certains rendront un dernier hommage au corps du défunt en lui fermant les yeux, en posant ses mains jointes sur lui et en lui prodiguant les derniers soins de beauté, comme de le laver, de peigner ses cheveux ou d'apporter une petite touche de maquillage. Une autre façon d'honorer le corps et les énergies du défunt, c'est par la bénédiction des chakras. Les chakras[4] sont des centres d'énergie situés sur le corps le long de la colonne vertébrale. Les chakras ont pour but de canaliser les énergies à travers l'organisme et de régulariser la circulation de l'énergie vitale dans le corps physique. Durant l'évolution de la maladie, en phase terminale et au décès, les chakras de l'individu vivent des perturbations importantes. Ces centres d'énergie, qui ont assisté le corps dans le déploiement de sa vie et dans l'entretien de ses énergies, se dissolvent alors progressivement durant la période de la phase terminale jusqu'au décès.

« Lorsque l'âme se retire, le corps du mourant s'est préparé et l'énergie des chakras circule dans le sens inverse des aiguilles d'une montre, à l'opposé de l'attraction terrestre. L'âme s'élève à l'opposé de l'attraction gravitationnelle de la Terre, et ainsi déjoue les lois de la physique. Ce sont ces mêmes lois qui l'ont aidée à entrer dans son corps physique. (...) Lors du passage, ce qui est le plus facilitant est que l'âme quitte par le chakra où le corps a vécu la naissance : le chakra de la couronne. Cela permet à l'âme de quitter vers les plans les plus élevés. »[5] Ainsi, lorsque l'âme se prépare à quitter le corps, elle se détache progressivement de chacun des chakras à partir de la base et en s'élevant vers le haut, pour habituellement effectuer le passage hors du corps par le sommet de la tête.

Procéder à la bénédiction des chakras permet de rendre hommage au défunt, à son corps et à tout ce que ça lui a permis de vivre et de réaliser. De plus, en invitant le défunt à se joindre à la bénédiction des chakras, cela lui donnera l'occasion de poursuivre son processus d'acceptation de la mort et du deuil de son corps physique.

---

4. La notion des chakras est plus amplement abordée dans la section Aide supplémentaire, p. 208.
5. Marie Lise Labonté, *Accompagnement d'âmes*, Le Dauphin Blanc, 2009, p. 128.

Voici une méthode de bénédiction des chakras du défunt, proposée par Marie Lise Labonté.

BÉNÉDICTION DES CHAKRAS

Ingrédients :

1. Huiles essentielles de lavande ;

2. Huiles essentielles de rose ;

3. Une rose.

« Munissez-vous des huiles essentielles et d'une rose. (...) Prenez un peu d'huile essentielle de lavande et de rose dans vos mains, puis détachez les pétales de la rose. Recouvrez chacun des sept chakras majeurs avec un pétale posé directement sur les vêtements. Débutez doucement par la base et remerciez les chakras. Les pétales sont posés et le processus du passage est toujours en mouvement. (...) Lorsque vous avez déposé les pétales, vous avez consciemment recouvert les chakras pour les protéger, et vous permettez ainsi à l'âme de se détacher encore plus de l'enveloppe physique. Cela permet aussi à l'âme de reconnaître qu'elle ne peut plus habiter son enveloppe physique, que sa dépouille est prise en charge dans l'amour et qu'elle peut se consacrer entièrement à son évolution. »[6]

Dans sa nature divine, l'âme a une affinité naturelle avec l'essence de la rose ; cette fleur est en quelque sorte son symbole. De la rose émane un parfum délicat pouvant adoucir les sens de l'âme du défunt tout en l'ouvrant à des sentiments plus élevés ; soit à l'amour divin et à sa vie spirituelle. La rose et son doux parfum l'inspirent ainsi à redécouvrir sa nature divine tout en lui donnant l'élan nécessaire pour poursuivre sa voie dans la lumière. Bénir les chakras avec des pétales de rose et des huiles essentielles est une autre belle façon d'apaiser l'âme du défunt qui assiste bien souvent à cette cérémonie.

---

6. Marie Lise Labonté, *Accompagnement d'âmes*, Le Dauphin Blanc, 2009, p. 149.

La bénédiction des chakras du défunt est un rite simple à effectuer et habituellement permis par le personnel des établissements spécialisés. Il peut donc être réalisé tant à la maison, à l'hôpital que dans les centres de soins palliatifs. Il peut ainsi être accompli en toute liberté et dans le respect des mœurs du défunt.

LE CORPS PHYSIQUE ET LA CORDE D'ARGENT

Au moment du décès, l'âme se retire du corps, mais demeure rattachée à celui-ci pour encore quelque temps par un lien subtil que l'on nomme « corde d'argent ». La propriété de ce cordon est de permettre à l'âme de quitter le corps physique, comme cela se fait pendant le sommeil, pour aller refaire le plein d'énergie dans les sphères plus élevées de conscience, et de pouvoir réintégrer le corps au moment du réveil. La corde d'argent est donc pour l'âme son ancrage à la terre. Puis, au moment de la mort, la corde d'argent se dissout progressivement afin de redonner à l'âme son autonomie énergétique et sa pleine liberté.

Les divers enseignements spirituels et ésotériques à travers les âges mentionnent que trois jours sont nécessaires à la dissolution de la corde d'argent. Ainsi, les trois premiers jours du décès revêtent leur importance pour l'âme qui doit apprivoiser sa nouvelle réalité et pour faire le deuil de son corps physique. Sachant cela, lorsque l'être cher a fait le choix de faire incinérer son corps, il importe de mentionner à la maison funéraire qui s'occupe des obsèques, de procéder à la crémation du corps seulement soixante-douze heures après le décès. Ce délai octroyé facilitera ainsi le processus de détachement en cours du défunt.

Il est toutefois important de préciser que rien ne sert de se culpabiliser si la crémation a eu lieu dans un délai inférieur aux trois jours préconisés. L'âme n'est pas alors damnée. Il suffit de penser à tous ces gens qui sont décédés dans les attentats du 11 septembre 2001 et qu'aucun corps n'a été retrouvé. Dans une telle situation, comme dans le cas d'une incinération trop rapide, les âmes sont souvent plus confuses et déroutées, mais elles bénéficient tout de même d'un grand soutien de l'autre côté leur permettant de comprendre que leur passage sur terre est bel et bien terminé. Aussi, nos pensées d'amour et de soutien ainsi que les exercices d'unification des énergies leur permettent de prendre conscience de leur état et de cheminer vers la lumière.

LES SIGNES ET LES MESSAGES ÉMIS PAR LE DÉFUNT

Il n'est pas rare d'entendre des gens raconter avoir reçu un signe ou un message du défunt dans les premiers jours suivant son décès. En effet, par un signe concret, le défunt souhaite souvent transmettre à ses proches une preuve de sa survie dans l'au-delà. Tout comme plusieurs qui téléphonent ou envoient un courriel ou un texto à leur famille ou leurs amis pour les aviser qu'ils sont bien arrivés à destination, les âmes éprouvent le même désir de rassurer ceux qu'elles aiment sur leur arrivée dans les plans subtils.

D'ailleurs, nombreux sont ceux et celles qui ont eux-mêmes demandé à un être cher de leur faire un signe depuis l'au-delà. Cette demande peut parfois en surprendre plus d'un, surtout lorsque le défunt répond rapidement par un signe concret. En effet, lorsque nous faisons une demande, la plupart des âmes ne tarderont pas à se manifester d'une manière ou d'une autre. En outre, les signes et les messages émis par les défunts peuvent être nombreux et variés. Il faut donc s'ouvrir à l'éventail des manifestations possibles et devenir attentif à son environnement. Il faut toutefois prendre en considération que ce ne sont pas toutes les âmes qui éprouvent le désir de se manifester ou qui ont cette capacité d'interagir facilement et rapidement avec leurs proches.

Comme dans tous les nouveaux apprentissages de la vie, cela demande parfois un peu de pratique pour maîtriser les différentes méthodes de communication qui sont à leur portée. De plus, il ne faut pas perdre de vue que si l'être cher était de nature enjouée et joueur de tours, il y a fort à parier que les signes convergeront en ce sens également. Par contre, si l'être cher était plus discret et réservé, les signes seront plus doux et subtils.

Ainsi, dans les premiers jours suivant le décès, si l'âme de l'être cher en éprouve le désir ou tient à répondre à une demande de manifestation, il se fera un plaisir de communiquer avec ses proches pour donner signe de « vie », et pour démontrer sa présence à leurs côtés.

Le rêve

Parmi les signes et les méthodes de communication les plus couramment utilisés, le rêve représente l'option préférée par les âmes pour transmettre un message à leurs proches. La raison en est fort simple : durant le sommeil, nous sommes dans un état plus réceptif aux plans subtils. En effet, selon James Van Praagh, médium reconnu et auteur à succès, lorsque nous rêvons : « *Primo, nous sommes dans un état subconscient et la partie de notre esprit où siègent notre jugement et notre logique est temporairement inopérante. Par conséquent, nous sommes plus réceptifs aux dimensions invisibles et nous pouvons donc fusionner plus facilement avec l'énergie de l'âme des défunts. Secundo, notre corps spirituel quitte l'enfermement du corps physique et se déplace dans le monde astral. C'est ce qu'on appelle le "voyage astral".* »[7]

Par le rêve, nous pouvons être en contact avec le défunt pour constater également son état vibratoire. S'il se porte bien, il voudra alors nous transmettre sa joie et tout son amour par un rêve évocateur. De la même manière, le défunt communiquera sa détresse si un besoin d'aide se fait sentir et qu'il a besoin d'être davantage soutenu par ses proches. Ainsi, voir le défunt en rêve, dévoilant un air sévère ou des yeux tristes, traduit souvent un état de contrariété, de peur, de douleur, de désarroi ou d'accablement. À l'inverse, voir le défunt afficher un franc sourire et des yeux pétillants, témoigne, à notre grand bonheur, de son bien-être, de sa vitalité, de sa santé, de son amour et de son ouverture à sa nouvelle vie.

Il arrive aussi que les défunts attendent un signe de notre part pour entrer en communication avec nous. Ne voulant pas s'interposer, effrayer ou causer une peine supplémentaire, ils attendront patiemment une invitation ou la preuve absolue que nous sommes prêts à les recevoir dans nos rêves. Et quand nous en faisons la demande, ils se font une joie de venir nous informer sur leur état, nous rassurer, nous consoler ou nous offrir un câlin plein de tendresse.

Les rencontres en astral sont habituellement de courtes durées et elles laissent une trace indélébile dans le corps physique. Au réveil, la personne est encore tout imprégnée de la présence du défunt, et sans pouvoir l'expliquer, elle « sait » qu'il y a bel et bien eu une rencontre. Pour les proches, ces messages reçus par les rêves sont une magnifique occasion d'être à nouveau en contact avec l'être cher, de recevoir de ses nouvelles, et si cela s'avère nécessaire, de poursuivre l'accompagnement auprès de celui-ci pour l'aider à accéder à sa lumière.

---

7. James Van Praagh, *Grandir au paradis*, Le Dauphin Blanc, 2012, p. 146.

DANS LE JARDIN AVEC GRAND-MAMAN

Au début de la nuit du 8 novembre 1987, soit 6 heures après le décès de ma grand-mère, j'étais étendue dans mon lit, essayant tant bien que mal de m'assoupir malgré l'énorme peine qui m'habitait. J'étais encore sous le choc de la nouvelle et mon cœur était en lambeaux, mais je crois bien avoir sombré dans un léger sommeil puisque sans m'en rendre compte, je me suis soudainement retrouvée assise sur une énorme roche dans un magnifique jardin. J'étais calme et j'admirais la beauté d'un ruisseau qui coulait tout près de moi.

Puis, quelques instants plus tard, j'ai aperçu ma grand-mère qui s'approchait et qui vint s'asseoir à mes côtés. Elle me regardait d'un air détendu et serein, j'étais si bien. C'est alors qu'elle me dit: « *Ne sois pas triste, Julie-Anne. Je ne veux pas que tu sois triste. Regarde, je ne suis plus malade, sois heureuse pour moi.* »

C'est à ce moment-là qu'elle se leva et qu'elle plongea dans l'eau claire et limpide du ruisseau tout près de nous. Je la voyais disparaître tranquillement alors qu'elle s'enfonçait dans cette eau qui me semblait maintenant devenue très profonde. Juste avant de disparaître complètement, dans cette eau si pure, elle prit le temps de se retourner et de me dire au revoir d'un signe de la main. Le cœur rempli d'amour, je lui répondis de la même façon.

C'est alors que je me suis réveillée et que je me suis sentie apaisée par cette merveilleuse rencontre qui, j'en suis certaine, n'était pas qu'un rêve. J'ai la profonde conviction qu'elle est venue me dire au revoir dans un moment où j'étais disponible pour la recevoir. Étant très proche de ma grand-mère puisqu'elle m'a élevée pendant une partie de mon enfance, elle représentait en quelque sorte une deuxième mère pour moi. Elle qui m'a beaucoup appris, elle était encore là pour moi et elle m'apprenait encore. Grâce à notre première rencontre astrale, je savais désormais que nous pourrions toujours compter l'une sur l'autre.

Encore aujourd'hui je sens sa présence régulièrement et elle continue de faire partie de ma vie, tant dans les moments heureux que dans les moments plus difficiles.

Je t'aime, grand-maman,

JULIE-ANNE LABERGE,
Professeure au primaire

Des manifestations diversifiées

Les défunts aiment entrer en communication avec nous et les méthodes utilisées pour le faire peuvent être très diversifiées. Nous avons tous entendu parler un jour de portes qui s'ouvrent ou qui se ferment sans raison apparente, de bruits de pas ou de craquements inhabituels sur le plancher, d'une photographie ou d'un objet quelconque que l'on replace régulièrement dans sa position initiale ou d'un objet, comme nos clés, que nous croyions égarées et que nous retrouvions, peu de temps après, à l'endroit même où nous avions pourtant regardé. Pour d'autres, c'est la montre ou l'horloge qui cesse de fonctionner à l'heure même du décès. C'est un enfant qui accourt pour annoncer qu'il a « vu » grand-papa ou grand-maman, ou c'est la forte sensation que l'être cher se tient tout juste à nos côtés ou nous borde même le soir dans notre lit.

Une autre façon pour les défunts de manifester leur présence est en manipulant l'énergie électrique de notre environnement. James Van Praagh raconte à ce sujet que : *« L'énergie électrique est un autre moyen que les esprits utilisent très souvent pour entrer en contact avec nous. Comme tout est constitué d'énergie électromagnétique, ils sont capables de concentrer leurs pensées et de manipuler le champ électromagnétique qui entoure divers objets électriques. Ainsi, ils sont capables d'allumer ou d'éteindre tout ce qui fonctionne à l'électricité : électroménagers, lumières, téléviseurs, ordinateurs, radios, fours à micro-ondes, cuisinières, cellulaires, voitures, portes de garage, lampadaires, sonnettes, et plus encore ».*[8]

Les défunts peuvent également interagir avec les animaux domestiques pour entrer en communication avec nous. Nos animaux, quels qu'ils soient, sont très sensibles aux énergies subtiles. Aussi, plusieurs propriétaires de chiens et de chats

8. James Van Praagh, *Grandir au paradis*, Le Dauphin Blanc, 2012, p. 147.

racontent avoir vu leurs animaux réagir fortement en la présence d'une âme dans la maison. Alors si vous voyez un chien frétiller, aboyer ou grogner dans le vide, sans raison apparente, il est fort possible qu'il soit en contact avec une âme. D'autres seront suivis par un oiseau, un papillon ou une libellule qui semble vouloir leur dire : « Je suis là pour toi », juste au moment où leurs pensées tendent vers l'être cher décédé.

Sentir des odeurs qui nous rappellent le défunt est aussi un signe pouvant indiquer sa présence autour de nous. Les odeurs de pipe, de cigarette, de lotion après-rasage, de parfum, de fleur ou même l'odeur d'un mets que l'être cher avait l'habitude de cuisiner, telle que la tarte aux pommes de grand-maman, sont très évocatrices. À moins que l'être cher était fermier ou avait l'habitude de travailler dans des odeurs moins agréables, les bonnes odeurs ont tendance à évoquer un bien-être alors que les odeurs gênantes peuvent souligner un mal-être et un besoin d'aide.

Compte tenu des différentes formes que peuvent prendre les manifestations subtiles, comment fait-on alors pour différencier un signe qui démontre que l'être cher va bien d'une manifestation signifiant un besoin d'aide ? En fait, notre ressenti est le meilleur juge. Lorsqu'il se présente à nous tout sourire, que sa présence se fait douce et rassurante, il y a fort à parier qu'il se porte bien. Toutefois, lorsqu'il semble triste ou accablé et que nous éprouvons un malaise en présence de ces manifestations, tout indique qu'il a grandement besoin de notre assistance.

Aussi, lorsque le défunt est en difficulté, il peut signifier sa présence par des signes ou des synchronicités répétitives, comme d'entendre pleurer tous les soirs au moment du coucher alors que personne n'est dans la maison, ou bien de constater que plusieurs membres de la famille souffrent de maux de ventre alors que l'être cher est décédé à la suite d'un cancer de l'estomac. Ces signes et ces synchronicités sont porteurs de messages et il importe de tenter de les comprendre pour mieux intervenir. Si toutefois on n'arrive toujours pas à décoder son message, il conviendra de demander au défunt d'être plus clair et précis dans sa façon de communiquer son besoin.

GRAND-MAMAN EST UN BEL OISEAU

Ma grand-maman était à l'hôpital, dans un état comateux, et nous savions que ses jours étaient comptés. Un soir, ma fille Maggie, âgée de 4 ans, insistait pour aller la voir. Nous nous sommes donc rendus à son chevet. Alors que tout le monde était autour de grand-maman Marie-Ange, Maggie s'est approchée du lit et a déposé sa petite main sur son ventre en lui disant : « *Y va partir ton bobo dans ton ventre, grand-maman.* » À ce moment précis, ma grand-mère a ouvert les yeux et a tendu les bras vers Maggie qui est allée se glisser contre son arrière-grand-mère. La scène était tellement touchante que toute la famille pleurait en silence.

Cette nuit-là, je me suis réveillée à 3 h du matin et j'ai pressenti que grand-maman était partie. Puis, au matin, Maggie s'est levée et elle est rapidement venue me dire : « *Maman, maman, grand-maman est morte et elle est devenue un bel oiseau.* » À 9 h, le téléphone sonnait pour nous annoncer que grand-maman avait pris son envol au cours de la nuit, pendant son sommeil. Depuis, Maggie et moi avons une agréable pensée pour grand-maman Marie-Ange chaque fois que nous croisons un bel oiseau qui vient nous saluer.

DANIE PELLETIER,
Maman à la maison

Ceci étant dit, certains défunts manifestent leur présence ou leur besoin avec maladresse en réveillant toute la maisonnée par de forts bruits de pas, d'objets qui tombent ou de portes qui claquent, par exemple. Mais cela ne veut pas dire qu'ils se portent mal pour autant. Le manque d'expérience en communication subtile et ses apprentissages à manipuler la matière sont plutôt les causes de ces manifestations maladroites et bruyantes. Vous pouvez alors lui dire que vous êtes conscient de sa présence et que vous souhaitez maintenant qu'il se manifeste plus en douceur.

La communication par l'infiltration énergétique

Il arrive que certaines âmes, ayant échoué dans leur tentative de communiquer leur besoin, interagissent directement avec la personne de façon à lui faire ressentir dans son corps physique ou dans ses émotions, exactement comment elles se sentent. C'est ce qu'on appelle une infiltration énergétique ou une incorporation indirecte. Comme on le verra, cette façon de faire est certes sans détour et plus inconfortable pour celui ou celle qui reçoit le message, mais elle est toutefois sans danger pour la personne qui vit cette expérience de communication subtile avec le défunt. Il est à noter que les personnes recevant des messages par infiltration énergétique sont tout d'abord prédisposées à des capacités médiumniques et leur âme a préalablement consenti à cette communication.

Le besoin primaire des âmes utilisant cette approche est de s'assurer que son message est bien capté et bien compris. En effet, puisque cette technique suppose que l'âme s'insère dans le corps éthérique de la personne, ceci fait en sorte que la personne perçoit en son corps tous les malaises émotionnels et/ou physiques que l'âme peut ressentir. Cette sensation est si forte que la personne infiltrée par les énergies de l'âme peut ressentir les douleurs, la colère ou les peines comme si elles étaient les siennes. Par cette technique, il n'y a pas de place à l'interprétation ou à l'imaginaire. Les messages sont clairs et précis, et le soutien à apporter devient soudainement une évidence.

Lorsqu'une âme infiltre les corps d'énergie d'une personne pour aider, pour dire merci ou pour signifier un état de grâce, la personne recevant le message sera gratifiée d'une magnifique énergie bienfaisante pour sa santé et son moral. Toutefois, lorsqu'une âme s'infiltre pour transmettre des douleurs physiques ou des émotions lourdes, ces énergies peuvent hypothéquer la santé et le moral de la personne, si elle ne procède pas aux techniques de purification nécessaire après le retrait de l'âme. C'est pour cette raison que les défunts utilisent cette approche souvent en dernier recours, car ils ne veulent pas brusquer leurs proches en deuil et nuire à leur état.

Avant d'accepter une communication par infiltration énergétique, il est essentiel d'être dans de bonnes dispositions, calme et détendu. Et lorsque l'on a compris la nature de son message, on lui demande de se retirer tout doucement de nos énergies en le rassurant sur nos intentions de lui venir en aide. Souvent, le simple fait de prendre conscience de la lourdeur des énergies qui habitent l'âme aide déjà celle-ci qui se sent enfin comprise et soutenue.

Si toutefois l'infiltration des énergies n'est pas une option envisageable pour les proches et que l'on sent que l'être cher décédé tient à communiquer avec nous, il est possible de faire appel à un intervenant énergétique qui fait de l'accompagnement d'âmes ou à un médium qui saura transmettre les messages et l'aider à faire la paix en lui-même pour qu'il puisse rejoindre la lumière et amorcer son ascension.

ELLE VOULAIT DIRE AU REVOIR...

Au cours de l'été 2007, ma collègue de travail, ma grande amie, décédait à la suite d'une longue année de souffrance provoquée par un cancer. Le soir de son décès, j'étais triste et fatiguée, mais je priais pour elle. Soudain, j'ai senti un effleurement sur ma main et j'avais la sensation que l'on caressait mes cheveux. En sombrant dans le sommeil, j'avais la certitude que mon amie était là, qu'elle se manifestait à moi. Le lendemain matin, au réveil, j'ai senti une fragrance de parfum, son parfum ! Ma petite voix m'affirmait à nouveau qu'il s'agissait sans doute de mon amie et qu'elle tentait de communiquer *avec moi pour obtenir de l'aide afin de traverser dans l'autre plan. Elle se collait de plus en plus à moi, et je sentis qu'elle me conduisait* à notre lieu de travail. En apercevant mon directeur, il me salua en prononçant son nom.

Par la suite, en me dirigeant vers son bureau, je fus submergée par diverses émotions. C'était plus fort que moi, j'éclatai en sanglots ! Sa présence se manifestait partout. Elle était non seulement tout autour, je la sentais également en moi. Puis, tout à coup, tout devint clair. Elle venait dire au revoir à cet endroit si important pour elle. Mes larmes étaient maintenant les siennes. Puis, dans un élan de compassion, je compris sa peine de quitter les siens et son milieu de travail. Je l'ai alors remerciée pour son message et je lui ai offert mes plus belles vibrations d'amour. Quelque temps plus tard, j'ai senti son apaisement.

Les mois ont passé puis un soir, alors que j'offrais des soins énergétiques à une cliente, j'ai senti une présence à mes côtés. J'ai eu la grande surprise de constater que c'était mon amie. C'est alors qu'elle me dit : « *Salut, ma chère ! Tu vois, je vais beaucoup mieux et je reviens travailler avec toi.* » Elle se présentait comme je la connaissais. C'était un merveilleux cadeau de la vie, un grand bonheur !

SUZANNE MORIN,
Intervenante énergétique

CHAPITRE 6

Soutien à l'accompagnateur

Le dernier souffle

Accompagner un être cher jusqu'au trépas demande beaucoup d'énergie, d'humilité, de courage et de sagesse du cœur. Cela implique également de faire face à la dure réalité du décès et aux conséquences de l'absence. L'être cher n'est plus ! Parfois difficile à accepter, la douleur est vive et cruelle. Souvent épuisés par les longues heures au chevet et le bouleversement émotionnel, le retour à la maison peut devenir une bouée de sauvetage pour les uns, une source de souffrance pour les autres. Bien sûr, le lien qui nous unit à l'être cher influence grandement notre façon d'aborder le retour à la maison et les premiers jours du décès. Mais nul doute que ces instants regorgent de moments intenses où rassemblements familiaux et amicaux, deuil et préparatifs funéraires s'entremêlent.

Perdre une personne qu'on aime est sans doute la plus grande épreuve que l'on puisse vivre. Mais dans ce grand tumulte, la vie offre également de belles sources de réconfort et de soutien inestimables. Ainsi, accepter l'écoute et l'aide de nos proches, déléguer certaines tâches relatives à l'organisation funéraire et prendre soin de soi, voilà des étapes qui seront certes des plus appréciables pour traverser chacune des journées et pour rendre un dernier hommage à l'être tant aimé.

LE RETOUR À LA MAISON

La maladie et la mort sont des épreuves exigeantes qui demandent une grande part d'investissement, tant sur le plan émotif que sur le plan physique et énergétique. Le retour à la maison peut donc devenir une belle occasion de laisser libre cours à ses émotions, de dormir un bon coup et de refaire ses énergies. Cependant, selon le lien qui nous unissait à l'être cher, le retour à la maison peut s'avérer une période difficile à vivre. Aussi, lorsque nous perdons un enfant, un conjoint ou un parent avec lequel nous habitions, retourner à la maison tout en sachant que l'être cher n'y reviendra jamais provoque souvent un grand vertige et un profond désarroi.

Pour mieux vivre le retour à la maison, il importe alors d'être à l'écoute de ses propres besoins et de ses désirs. *Ai-je besoin d'être seule ou je souhaite la compagnie de mes proches ? Ai-je besoin de silence ou d'activités autour de moi ?* Pour affronter l'épreuve, certaines personnes choisiront d'emblée de passer la première nuit en compagnie de membres de la famille ou de fidèles amis. Sentir la présence de personnes aimées et pouvoir leur parler quand le chagrin devient trop grand est certes très aidant pour ceux et celles qui ont besoin d'être entourés. Mais pour d'autres, plus réservés ou solitaires, ils souhaiteront davantage rentrer seuls à la maison pour pouvoir pleurer tout leur saoul et laisser libre cours à leurs émotions à l'abri des regards. En fait, il n'y a pas de bonnes ou de mauvaises décisions.

Il suffit de prendre une bonne inspiration et d'aller voir à l'intérieur de soi ce qui serait le plus bénéfique.

Dans une tout autre perspective, après avoir passé plusieurs jours au chevet d'un être cher, certaines personnes auront à réintégrer un nid familial où la routine quotidienne n'aura eu de cesse. Au beau milieu de cette fourmilière grouillante d'activités, elles peuvent se rendre compte que tout va peut-être un peu trop vite et elles peuvent se sentir déstabilisées. Ainsi, lorsque l'écart est trop grand entre l'ambiance plus calme de la chambre du défunt que l'on vient de quitter et l'agitation de la maisonnée, un temps d'adaptation s'impose.

Pour pallier l'écart, il importe de prévoir un temps de discussion avec le partenaire amoureux, ainsi que les enfants, pour expliquer la situation, exprimer certaines émotions et évaluer les besoins et les attentes de chacun. Se soutenir les uns les autres aussi bien dans les tâches ménagères que dans le respect du flot émotif que le départ d'un être cher peut susciter, voilà qui peut assurément favoriser un retour à la maison plus en douceur.

De plus, dans un contexte de vie familiale, il peut parfois être difficile de prévoir des moments pour soi. C'est pourquoi, lorsque les enfants sont à la garderie, à l'école ou chez quelqu'un de confiance, il est primordial de prendre un peu de temps pour se reposer, évacuer le trop-plein et renouveler ses énergies. S'accorder des petits moments pour aller marcher en nature, pour respirer profondément ou pour se changer les idées permettra de retrouver un certain équilibre favorable à l'amorce du deuil et à la réalisation des tâches et des responsabilités relatives au décès.

ÊTRE ACCOMPAGNÉ À SON TOUR

Les jours suivant le décès sont habituellement chargés, tant sur le plan émotif que par les diverses tâches à accomplir. En effet, en plus de vivre un chamboulement émotionnel, il faut voir à l'organisation des préparatifs funéraires et à tout ce qui a été mis en suspens lors de l'accompagnement. Et quoiqu'il soit inévitable de faire face à ces obligations, il est cependant possible d'alléger les tâches en ayant recours à l'aide et au soutien de ses proches. Par conséquent, vous pouvez demander à des membres de la famille ou à des amis de préparer de bons repas, de voir à l'entretien de la maison, de prendre en charge les enfants pour une journée ou un week-end, d'aller reconduire ceux-ci à l'école ou à leurs activités hebdomadaires, de s'occuper des animaux de compagnie ou de faire les courses. Il est également possible d'obtenir de l'aide dans l'organisation et la préparation des obsèques.

En effet, il peut être très éprouvant de téléphoner à tous les parents et les amis pour annoncer le décès ou de devoir préparer un hommage funèbre pour la cérémonie des adieux. Sans compter les nombreuses petites tâches telles que l'achat de fleurs, la réservation d'un buffet, la préparation des signets, des albums souvenirs et des photos, la rédaction de la notice nécrologique, et bien d'autres. Dans ce tourbillon de tâches et d'émotions, l'assistance d'un proche pour alléger la tâche ou pour apporter un peu de réconfort est certainement non négligeable. Lorsque nous avons fait preuve de patience, d'amour, de compassion et de don de soi auprès d'un être cher en fin de vie, il est tout à fait bénéfique et souhaitable d'être aidé à son tour.

Dans ces moments difficiles, l'aide apportée fait non seulement du bien au cœur et à l'âme, elle brise l'isolement et apporte un répit nécessaire permettant de mieux gérer et de mieux vivre les cérémonies d'adieux. Et en cette période de fragilité et de vulnérabilité, être accompagnés et soutenus s'avère sans contredit des plus bénéfiques pour tous ceux et celles qui sont éprouvés par le départ d'une personne aimée.

LES RITUELS FUNÉRAIRES

Chaque religion et chaque culture possèdent des rites qui leur sont propres et qui visent à souligner la fin d'une vie. Et chacune à leur façon, elles aident à donner un sens à la perte, elles contribuent à resserrer les liens avec les proches, et elles aident à prendre conscience de la réalité du décès et de la finalité de la mort. Le moment des funérailles est donc une étape cruciale permettant aux familles, aux collègues et aux amis de s'unir dans un climat propice au recueillement et à l'expression de son chagrin, pour rendre un dernier hommage au défunt et à tout ce qu'il a accompli.

Parce que la perte d'une personne qu'on aime est douloureuse et que l'on a besoin de soutien dans l'organisation des rituels, la majorité des gens feront appel à un service de pompes funèbres qui veillera à ce que tout soit conforme et à l'image du défunt. Ce soutien obtenu avant, pendant et après les obsèques est non négligeable puisqu'il permet aux personnes éprouvées par la mort d'un proche de se centrer davantage sur les siens, sur le deuil et sur les hommages qu'elles souhaitent rendre au disparu.

Ainsi, la plupart des maisons funéraires pourront vous accompagner dans les décisions et les démarches suivantes :

- Le transport du corps ;
- L'obtention du certificat de décès ;
- L'annonce du décès aux familles et amis, à l'employeur, au notaire (dernières volontés et succession), aux

assureurs et aux banques avec lesquelles le défunt traitait ;

- La rédaction d'un article nécrologique ;
- Le choix du cercueil ou de l'urne ;
- L'organisation des funérailles ;
- L'organisation d'un service célébré à la mémoire du défunt (église, coop funéraire ou rassemblement personnalisé) ;
- Le choix des lectures, des signets, et la planification des hommages ;
- L'organisation d'une réception après les funérailles ;
- Les dons à un organisme ou à une œuvre de charité ;
- Les cartes de remerciements pour condoléances ;
- Le soutien pour toutes les démarches administratives ;
- Les références professionnelles pour traverser le deuil.

Les démarches ci-dessus peuvent s'avérer exigeantes pour une personne affligée par le deuil. Non pas que les modes d'action soient complexes à effectuer, mais le contexte qu'ils imposent rappelle la dure réalité de la mort et du départ d'une personne chère. Dans de telles circonstances, la présence de ses proches peut s'avérer précieuse pour un soutien, tant sur le plan émotif que pour alléger les tâches occasionnées par les préparatifs ou pour nous aider à faire des choix éclairés et à l'image[1] du défunt. De plus, avoir recours à ses proches pour l'organisation des rituels funéraires et des cérémonies d'adieux permet non seulement de se sentir épaulé, mais cela permet aussi aux autres de se sentir concernés et proactifs en ces heures

1. Des suggestions pour organiser des funérailles à l'image de l'être cher décédé sont également offertes au chapitre 1, à la page 56.

difficiles. C'est une façon de se soutenir et de se consoler l'un l'autre jusqu'au jour du grand rassemblement.

La lourde peine que l'on porte à la mort d'un proche est souvent allégée lorsque l'on se rend compte que d'autres portent également cette souffrance. En ce sens, les funérailles permettent de se rassembler pour trouver un peu de réconfort les uns auprès des autres et pour se remémorer de précieux souvenirs. Elles offrent l'occasion aux amis, aux collègues et à la parenté d'exprimer l'amour et le respect qu'ils éprouvent pour le défunt. Cet apport est d'autant plus important puisque les marques de sympathie provenant du cercle d'amis de l'être cher peuvent devenir une source de soulagement et de réconfort pour toute la famille éprouvée.

En effet, selon Luce Des Aulniers : « ... *Au salon funéraire, on retrouve plein de gens qui ne se connaissent pas. Il y a la famille, le groupe du bureau, celui du club de quilles, le cercle d'amis, etc. Ainsi, quand les proches rencontrent tous ces gens, ils réalisent que le défunt avait de l'importance pour d'autres personnes qu'eux-mêmes, et ce, bien au-delà de ce qu'ils pensaient. Dans le processus de deuil, cela vient énormément les consoler. Ils se disent alors qu'ils ne sont pas les seuls à subir une perte. En raison des témoignages des autres, ils arrivent également à mieux définir l'être qu'ils ont perdu, à refaire en quelque sorte le puzzle de cette personne, ce à quoi elle croyait, ses valeurs, etc.* »[2]

Ces témoignages nous permettent alors de découvrir d'autres aspects de sa vie que nous pouvons chérir à jamais. Ainsi, le partage des souvenirs lors des funérailles confirme avant tout l'importance du défunt et permet même dans certains cas d'accepter la douleur associée à son départ. Cela incite à mieux composer avec la peine et nous offre également

2. http://www.fcfq.coop/chroniques/les-rituels-funeraires-pour-redonner-sens-132/.

la possibilité de se recentrer sur ses bons coups, ses qualités et les valeurs qu'il laisse dans son sillage.

Les rituels sont donc une belle porte d'entrée à ne pas négliger pour entamer un deuil. Plusieurs, pour ne pas trop souffrir, seront plus expéditifs et tenteront de réduire au minimum les divers rassemblements. Mais le deuil n'en sera pas moins douloureux. Au contraire ! Les funérailles nous permettent de prendre conscience de la réalité du décès, d'exprimer et d'accepter la douleur reliée au départ de l'être cher, de recevoir soutien et réconfort, de découvrir une autre facette du défunt, de faire siennes les qualités et les valeurs qui ont guidé son chemin, et de redonner un sens à sa propre existence. Et au moment de faire nos derniers adieux, c'est souvent porté par l'élan du cœur que chacun fera de cet instant une ode à la vie et à l'amour qu'il a semés tout autour.

TROISIÈME PARTIE

L'après-vie et la guérison des cœurs

« Se détacher ne veut pas dire se séparer,
mais s'unir autrement et au nom de l'amour. »

— Auteure inconnue

Pour les personnes éprouvées par la mort d'un proche, l'absence et le manque sont sans aucun doute ce qu'il y a de plus difficile à affronter. Le vide causé par le grand départ peut générer une douleur si vive que l'on s'imagine incapables de poursuivre notre route sans sa présence à nos côtés. La douleur ressentie peut être si grande que nous avons l'impression que rien ni personne ne peut nous en soustraire. Et lorsque la mort nous apparaît insensée, qu'elle arrive subitement ou trop tôt dans la fleur de l'âge, l'épreuve de la perte peut se transformer en une grande détresse pouvant conduire à des états nécessitant soutien et assistance de professionnels.

Certes, le deuil peut être une expérience pénible à vivre, car il n'existe pas de recette miracle pour faire disparaître soudain cette terrible souffrance émotionnelle. Le deuil implique un processus de cicatrisation des cœurs qui demande patience, indulgence et temps. Il revêt aussi un caractère intime et unique pour chacun, et la façon de l'aborder variera grandement en fonction des personnalités et du lien d'attachement qui nous unit à l'être cher disparu.

Mais la mort n'est pas que douleur. Elle a également la faculté de nous renvoyer à nous-mêmes, et comme une boussole, elle peut aiguiller la direction que l'on souhaite maintenant emprunter. Elle apporte dans son sillage aide, humanité et bienveillance. Et petit à petit, une nouvelle vie remplie de promesses peut émerger au grand jour pour donner un sens à notre existence et nous amener à reprendre goût à la vie.

Pour les âmes, c'est aussi une toute nouvelle vie qui commence. Pour la plupart d'entre elles, immergées dans une vibration d'amour et d'harmonie, elles entameront leur processus d'ascension qui variera en fonction de leurs bagages énergétiques et de leurs intentions. Ainsi, partageant son temps entre des visites à ses proches restés sur terre, des prises de conscience et des libérations d'émotions faites sur le plan astral, l'âme aura besoin, tout comme nous, du soutien et de l'amour de ses proches. Car c'est en s'abreuvant aux énergies d'amour qui l'unissent aux siens, comme au divin, qu'elle trouvera la force de faire son bilan de vie et de poursuivre son évolution.

Par conséquent, qu'il s'agisse de prendre soin de soi dans le deuil, d'apporter un soutien à l'âme de l'être cher décédé ou d'accueillir son aide lorsqu'elle est en mesure de nous épauler, avec la foi, l'espoir et des outils appropriés, il est tout à fait possible de renaître à la vie. Et c'est dans ce processus d'accompagnement et de soutien mutuel avec l'âme que « guérir ensemble » prend tout son sens. Malgré des chemins bien distincts, le lien d'amour qui nous unit au défunt ne meurt jamais. Et ce lien, lorsqu'on s'y branche et qu'on le laisse nous porter dans les méandres du deuil, peut déferler sur nos vies des flots d'amour, de force et de courage insoupçonnés pouvant nous conduire à la résilience et à l'acceptation de la mort... et de la vie !

CHAPITRE 7

Soutien à l'âme de l'être cher décédé

L'après-vie et la guérison des cœurs

Souvent, après les funérailles, les gens retournent à leurs activités et vivent leur deuil en ayant la conviction que l'être cher décédé a retrouvé la paix et le bonheur. Certains n'hésiteront pas à demander leur soutien ou des faveurs dans une ou plusieurs sphères de leur vie, tandis que d'autres ont peur de troubler leur repos ou ne veulent tout simplement pas les « déranger ». Pourtant, malgré un certain mieux-être acquis depuis son arrivée dans les plans subtils, l'âme vit elle aussi un deuil à sa façon et le contact avec les siens peut lui être salutaire.

Qu'il s'agisse d'apporter un soutien et un réconfort à ses proches pour répondre à son propre besoin de veiller encore sur eux, de répondre par un message ou par une intervention à une demande qui lui a été faite, ou de recevoir de l'aide afin de panser ou guérir une blessure, de demander pardon ou de se pardonner elle-même, l'âme a besoin de sentir la présence et l'amour de ses proches dans son processus d'ascension.

Par divers exercices de communication subtile et en étant à l'écoute des signes et des synchronicités, non seulement est-il possible, mais il est souhaitable de poursuivre l'accompagnement de l'âme. Brisant ainsi le cercle de l'isolement, cette approche permet un soutien inestimable dans les divers processus de guérison que l'âme rencontrera. En fait, ouvrir son cœur à une âme en cheminement, c'est toucher à l'amour dans sa forme la plus pure, c'est offrir des ailes pour un beau déploiement et un plein épanouissement.

L'ASCENSION DE L'ÂME

Comme nous l'avons vu au chapitre précédent, à la suite du décès, l'âme se retrouve sur un plan énergétique vibrant et empreint d'amour. Ce plan que l'on nomme « astral » est le tout premier plan suivant le plan terrestre. À l'instar du corps astral qui sépare les corps terrestres des corps célestes de l'être humain, le plan astral sert de terre d'accueil et de transition entre la vie sur terre et la poursuite de la vie sur d'autres plans. Étant à proximité de la terre, ce plan est souvent visité par l'âme au cours de son incarnation. D'ailleurs, plusieurs personnes ont fait consciemment l'expérience d'un voyage dans l'astral par une sortie hors de leur corps.

Ainsi, l'ayant visité fréquemment, ce plan énergétique est bien connu par les âmes et c'est pourquoi plusieurs d'entre elles ont la sensation, après le décès, de « rentrer à la maison ». Ce plan est aussi très familier, car on peut y retrouver tout ce qui existe ici-bas. De ce fait, l'auteure, Sylvie Ouellet explique dans son livre *Après la mort qu'est-ce qui m'attend?* que : « *... sur la sixième subdivision du plan astral se trouve le double éthérique de tout ce qui existe sur terre. Cette subdivision est donc* *une copie conforme des lieux, des objets et des formes qui nous entourent.* »[1] Par conséquent, tant que l'âme demeurera sur ce plan, elle pourra y voir des arbres, des maisons, marcher en forêt, boire du thé ou vaquer à toute autre occupation chère à son cœur.

Tout au long de son cheminement dans les divers plans subtils, l'âme devra aussi faire le bilan de son passage sur terre. Elle verra ses succès comme ses échecs, et en présence de sa famille d'âmes, elle prendra conscience des causes qui l'ont conduite à vivre telle ou telle expérience. Au fil du temps et des prises de conscience, l'âme procédera aux détachements et à la transformation des liens qui l'unissent à la terre et aux siens. Aspirant à émerger du cadre terrestre pour mieux grandir dans sa lumière, elle devra aussi purifier et harmoniser les corps d'énergie appartenant à sa personnalité endossée au cours de son incarnation.

Heureusement, l'âme n'est pas seule dans tout ce processus. En plus de bénéficier du soutien de ses proches, elle pourra aussi compter sur son guide spirituel qui lui dispensera des enseignements et des conseils afin qu'elle puisse bien vivre le processus de guérison, et pour l'aider à faire les meilleurs choix possible pour son évolution.

Et lorsque les expériences vécues sur terre auront été transcendées, elle délaissera ses corps terrestres qui ne lui seront alors plus utiles. Elle quittera ainsi la personnalité humaine qu'elle a endossée pour ne garder que les expériences évolutives (bonnes et moins bonnes) qui s'inscriront dans l'histoire de son âme. Dépourvue de ses corps terrestres, elle se retrouvera alors dans un décor ressemblant de moins en moins à la terre, et de plus en plus aux couleurs de son âme.

1. Sylvie Ouellet, *Après la mort qu'est-ce qui m'attend?* Le Dauphin Blanc, 2012, p. 187.

Étant donné sa nouvelle réalité, elle reflétera davantage un environnement correspondant à ses corps célestes qui sont pourvus d'une conscience et d'une vibration beaucoup plus élevées. Exempt de l'ego, ces corps sont pur amour et permettent à l'âme une vision globale de ce qui a été accompli depuis des vies et de ce qui reste à accomplir sur d'autres plans ou dans une prochaine incarnation.

Assurément, ces transformations pour arriver à un tel état vibratoire ne se font pas toujours sans heurt. Et c'est pourquoi le soutien et l'amour des proches deviennent pour l'âme une véritable source de réconfort, de soutien et d'encouragements. D'ailleurs, elles sont plusieurs à faire part de leurs besoins et de leur cheminement par des signes, des synchronicités ou par le biais des rêves. Même plusieurs années après le décès de son corps physique, une âme peut entrer en contact avec un proche pour recevoir son soutien ou pour lui dire qu'elle vient de franchir une autre étape importante dans la guérison de son âme.

Il est à noter que durant l'ascension, l'âme pourra faire des pauses et prendre du temps pour elle afin de se reposer, pour faire le point sur ce qu'elle vit et vaquer à quelques occupations. Tout comme nous avons besoin de nous changer les idées, de nous divertir, ou de rencontrer des amis lorsque nous traversons une période difficile, l'âme a également besoin de s'accorder des temps de repos pour renouveler ses énergies et intégrer les apprentissages avant de poursuivre son ascension. Ainsi, à tout moment, l'âme peut se retirer dans un lieu qu'elle aura créé et qui convient à ses besoins. Par le pouvoir de l'intention et de sa pensée, l'âme aime bien, de l'autre côté, façonner sa réalité et son environnement. Et il n'y a de limites à ce qu'elle peut créer que ses croyances et son niveau de conscience.

En résumé, lorsque l'âme reconnaît sa valeur divine, elle s'engage dans un processus d'éveil de conscience qui lui permettra de croître intérieurement et d'évoluer à son rythme et au gré des détachements et des guérisons. Selon la volonté qui l'habite d'aller de l'avant, l'âme peut ascensionner plus ou moins rapidement vers de plus hauts plans de conscience. Ainsi, plus elle évoluera au cours de son ascension, plus elle changera de plans vibratoires et plus elle sera en contact avec la magnificence de tout son être. Car le but de l'ascension est de rappeler à l'âme qu'elle n'est pas seulement ce corps, cet ego et cette personnalité qu'elle a empruntés au cours de son incarnation. Elle est bien plus que cela. Elle est une enfant du divin qui revient à sa lumière et à son grand pouvoir d'amour et d'évolution.

LES RÉSISTANCES ET L'ÂME EN ERRANCE

Une âme errante est une âme qui, au moment du décès, se trouve dans l'incapacité d'accéder à la lumière ou refuse tout simplement d'y entrer. Ces âmes sont toutes imprégnées d'une ou plusieurs blessures créant un champ énergétique si lourd qu'elles ne peuvent voir l'amour et la lumière en elles et tout autour. Confinées dans leur bulle de colère, de tristesse, de regrets ou d'amertume, elles errent sur le plan terrestre en attente d'une libération.

Les raisons qui conduisent à l'errance peuvent être nombreuses : les croyances limitatives, les situations inachevées, une incapacité à délier les liens d'attachement à ses proches, les peurs, les troubles psychologiques, les dépendances, une vision limitée de l'après-vie, une crainte d'être sévèrement jugé ou puni, un sentiment de honte, de culpabilité ou d'agressivité fortement imprégné ou un état léthargique et une profonde indifférence à la lumière. Et ces tristes événements, comme un boulet au cœur, retiennent l'âme sur le plan terrestre freinant ainsi son évolution.

Il importe de comprendre que la lumière n'est pas qu'un lieu, elle est avant tout un état d'être harmonieux. Et tout comme le bonheur, la lumière se choisit et se crée à tout moment de notre existence, et ce, même après la mort. L'âme a ainsi la pleine responsabilité de choisir de vivre dans l'ombre de ses blessures intérieures ou de choisir de faire la paix et de mettre en lumière ces parties d'ombres qui l'habitent. De ce fait, il est tout à fait impossible d'imposer la lumière à une âme qui la refuse. C'est à elle que revient le choix d'accepter d'ouvrir son cœur et d'amorcer le processus d'ascension.

Malgré cette responsabilité qu'elle a envers sa propre évolution, on peut tout de même soutenir une âme errant sur le plan terrestre. Dans le livre *Se libérer des âmes errantes*[2], nous abordons cette problématique en profondeur et nous offrons divers trucs et conseils pour accompagner une âme éprouvant des difficultés. Ceci étant dit, une âme errante n'est pas une « chose » à combattre par la force ou l'agressivité. Une âme errante, c'est tout simplement un défunt en détresse qui l'exprime bien souvent maladroitement. Elle a donc grandement besoin de soutien et d'amour pour prendre conscience de ses blessures et pour faire la paix avec ses démons intérieurs.

Sans essayer de précipiter ou de forcer la guérison de l'âme, les proches du défunt peuvent tout de même, par le biais de prières ou de belles pensées d'amour, l'encourager à se pardonner ou à offrir son pardon. On peut l'inviter à prendre soin d'elle, à ouvrir son cœur, à aller se reposer et à accepter le soutien de son guide spirituel et de sa famille d'âmes qui sont là pour l'accueillir dans l'amour et sans jugement. Une autre belle façon d'aider une âme en difficulté est de s'unir à elle par l'exercice du pont de lumière[3]. Cet exercice permettra à l'âme

2. Anick Lapratte et Catherine Poirier, *Se libérer des âmes errantes*, Le Dauphin Blanc, 2008.
3. L'exercice du pont de lumière se retrouve au chapitre 5, à la page 124.

d'apaiser ses peurs et ses angoisses et lui procurera un calme intérieur pouvant lui donner la force et le courage de choisir la lumière et d'amorcer le processus d'ascension.

L'ÂME ET L'ÉPURATION DES CORPS SUBTILS

Pour qu'une âme puisse poursuivre sur le chemin de son évolution, elle devra subséquemment s'engager sur la voie de l'épuration des corps subtils. Étant imprégnés des expériences (bonnes et moins bonnes) qu'elle a faites sur terre, ces corps sont comme un miroir reflétant le cumul de sa vie et de son état émotif. Par conséquent, des corps subtils alourdis par diverses raisons telles qu'un résiduel de la maladie et des traitements reçus, un lourd bagage émotif, des croyances limitatives ou un état d'esprit accablant peuvent assurément freiner l'élan évolutif de l'âme.

À l'opposé, des corps subtils imprégnés d'amour, de paix et d'harmonie sauront favoriser l'envol de l'âme vers d'autres plans encore plus vibrants. Ceci étant dit, comme la vie sur terre n'est pas uniquement parsemée de moments exaltants, la grande majorité des âmes doivent procéder à l'épuration des corps subtils. Heureusement, elles ne sont pas seules dans ce processus, car elles peuvent compter sur l'appui tant de leurs guides spirituels, de leur famille d'âmes que de leurs proches restés sur terre. Tous unis dans une intention de soutien pour un mieux-être de l'âme, celle-ci pourra bénéficier de la compréhension et des belles vibrations d'amour des siens pour faire les constats, entamer les prises de conscience nécessaires, et pour pardonner, purifier et harmoniser ses corps subtils.

Ainsi, lorsqu'elle est prête et qu'elle le désire, le processus de purification des énergies amène l'âme à transcender les expériences difficiles pour ne garder que l'essentiel : soit les apprentissages de vie et tout ce qui la relie à l'amour, à la valorisation du soi et à sa quête d'identité spirituelle. Et plus les énergies disharmonieuses du corps éthérique, du corps émotionnel et du corps mental seront transcendées en pure lumière, plus l'âme pourra poursuivre son parcours sur les sentiers de l'ascension et de l'amour.

- **Le corps éthérique**

Tel que décrit au chapitre un, le corps éthérique est la réplique du corps physique et reflète fidèlement la santé de celui-ci. Après le décès, le corps éthérique survit au corps physique pendant une période de plus ou moins quarante jours. Ce temps est nécessaire au défunt pour lui permettre d'épurer le corps éthérique qui est imprégné non seulement des résiduels de la maladie, des divers traitements reçus, des chirurgies et des chocs subits dans le corps physique, mais aussi de toutes les blessures et les maladies non acceptées au cours de l'incarnation.

En fin de vie, lorsque la maladie a été difficile et que l'être cher a grandement souffert physiquement, la charge résiduelle peut être importante. Et s'il n'est pas entré dans la lumière ou qu'il n'a pas fait la paix avec la maladie et la souffrance, le défunt pourra ressentir dans son corps éthérique et interpréter comme réelle la mémoire des douleurs physiques et des inconforts. C'est pourquoi, après le décès, certaines âmes ont exprimé ressentir encore la sensation de la faim, de la soif ou les effets secondaires attribuables aux divers traitements chimiques reçus.

Selon la durée, la gravité des douleurs physiques et la personnalité de l'être cher, les résiduels de la maladie peuvent alors devenir plus difficiles à harmoniser pour certains que pour d'autres. Toutefois, il est normal de ressentir des douleurs et des inconforts en fin de vie. Il ne faut pas s'inquiéter outre mesure. Si le défunt n'était pas habité par de grandes peurs reliées à la maladie ou à la souffrance, son corps éthérique sera le beau reflet du calme et de l'acceptation qui l'habitaient.

J'AI SOIF...

À la suite du décès de mon mari, je ressentais de façon régulière sa présence dans la maison et à mes côtés. Un matin, alors qu'il se faisait plus présent, j'ai ressenti dans ses énergies une lourdeur et une détresse qui me troublaient et dont je ne parvenais pas à comprendre la raison. Bouleversée de savoir que mon mari n'allait pas bien, j'ai appelé Anick pour lui demander son aide. Au bout du fil, à peine avions-nous commencé à discuter qu'Anick me dit que Roch venait d'arriver, qu'il était assis à ses côtés et qu'il souhaitait communiquer avec moi. Après lui avoir donné mon accord, Roch tentait d'exprimer son besoin en disant quelques mots et en faisant des gestes au niveau de la gorge, mais Anick n'arrivait pas à saisir la teneur de son message.

Puis, tout à coup, elle sentit la présence de Roch s'approcher lentement puis infiltrer ses corps d'énergie. Elle fut alors automatiquement en contact avec les énergies de Roch, et comme une onde de choc, Anick ressentit dans tout son corps les douleurs et les malaises que Roch éprouvait encore dans son corps éthérique. Immédiatement, elle me fit part de cette communication.

« Roch souffre encore des douleurs et des malaises qu'il a eus en fin de vie. Il dit qu'il a terriblement soif, qu'il a la tête qui tourne, qu'il a des nausées et de terribles crampes au ventre qui le font encore souffrir. Roch a besoin qu'on l'aide à purifier son corps éthérique. Il dit que lorsqu'il ira mieux, il pourra plus facilement poursuivre son cheminement dans la lumière. Il veut que tu saches qu'il ne refuse pas d'évoluer, mais la grande peur de souffrir qu'il avait de son vivant et les douleurs atroces vécues en fin de vie ont lourdement imprégné son corps éthérique, entravant ainsi son élévation. C'est pour cette raison qu'il sollicite ton aide. »

Bouleversée de savoir que la peur de la souffrance l'avait suivi jusque dans l'au-delà, je le rassurai aussitôt sur mon soutien. Sachant qu'il avait besoin d'être soulagé rapidement, je lui prodiguai le jour même les soins dont il avait besoin pour se sentir mieux. Après avoir fait une première purification de ses énergies par l'exercice de la douche de lumière[4] où je l'invitais à se détendre puis à boire un verre d'eau tranquillement, je fis également appel à des personnes que nous connaissions tous les deux pour un soutien supplémentaire.

À la suite de ce beau travail de purification, quelques jours plus tard, je fis un rêve révélateur dans lequel Roch et moi sortions de l'hôpital, tout sourires, pour retourner ensemble à la maison. Au réveil, j'étais imprégnée d'un profond sentiment de mieux-être. Je sus sans l'ombre d'un doute que les soins prodigués lui avaient été bénéfiques et qu'il poursuivait maintenant sa route l'âme plus légère.

CATHERINE POIRIER,
Thérapeute énergétique

- **Le corps émotionnel**

À la suite de la purification du corps éthérique et lorsque l'âme en ressentira l'élan, elle pourra entamer le processus d'épuration du corps émotionnel. Alors que celui-ci est pleinement activé par les divers détachements en cours, il est normal pour le défunt de vivre des émotions reliées au deuil de sa vie terrestre.

De plus, lorsqu'une personne meurt en emportant avec elle des situations non réglées, elle sera invitée, au cours du processus d'épuration, à reconnaître ses situations pour les comprendre et les guérir. Parmi la gamme d'émotions que le défunt peut rencontrer, on retrouve, entre autres, le sentiment de culpabilité ou de honte. Le sentiment d'avoir abandonné les siens, de ne pas avoir été assez présent ou à la hauteur. Le sentiment de ne pas s'être assez accompli sur le plan professionnel ou personnel, de laisser derrière soi quelque chose

4. L'exercice de la douche lumière se retrouve au chapitre 7, à la page 167.

d'inachevé, de se sentir responsable d'une faute, d'une situation ou d'une personne. Il y a aussi le sentiment de partir inquiet pour les siens, sans oublier les pardons non accordés et l'amour insuffisamment exprimé.

Faire le bilan de son incarnation, avec tout ce que cela implique, peut certainement générer des émotions qui ne sont pas toujours faciles à gérer. Bien sûr, si le constat est positif et que l'âme est fière de son séjour sur terre, des valeurs qu'elle a léguées et de l'amour qu'elle a su recevoir et propager, l'épuration du corps émotionnel se fera rapidement et dans l'harmonie.

Toutefois, si le bilan est plus ou moins satisfaisant dans une ou plusieurs sphères de sa vie, l'âme devra faire face à cette réalité et aux émotions que cela peut engendrer. Et si le défunt avait une personnalité qui avait l'habitude de nier ou de fuir ses émotions, elle aura certainement besoin du soutien de ses guides et de ses proches. Avec leur appui et leur amour, elle arrivera plus facilement à les reconnaître et à les accueillir pour mieux les guérir et les transcender.

Par le fait même, lorsque nous sommes étroitement liés à l'être cher décédé par une situation non réglée, nous bénéficions tout autant du processus d'épuration opéré par le défunt. En effet, si le défunt prend conscience qu'il n'a pas été assez présent comme père, et que par le biais d'une communication subtile il vient offrir ses excuses à sa fille, celle-ci peut également libérer la blessure d'abandon en ouvrant son cœur au pardon et à l'amour qu'elle reçoit. Ainsi, par cet accueil et ce soutien mutuels dans la purification du corps émotionnel, c'est toute la relation et le lien du cœur qui s'en trouvent harmonisés.

LES BESOINS D'UN COUPLE...

Un matin, alors que j'étais en consultation avec un homme qui voulait une communication avec son épouse décédée d'un cancer, j'ai eu le grand bonheur de voir une femme toute douce et remplie d'amour venir à mes côtés. Ayant l'habitude de travailler avec des âmes errantes, j'étais surprise et heureuse de cette belle rencontre. Nous avons échangé quelque temps, puis à un moment donné, elle devint tout émotive.

C'est alors qu'elle confia à son époux, qu'elle avait pris conscience depuis son départ qu'elle avait été une très bonne mère, mais que son rôle maternel avait peut-être pris une trop grande place. Elle exprimait ses regrets de ne pas avoir été assez à l'écoute des besoins du couple. Elle lui avoua comprendre maintenant toute l'importance de préserver du temps pour une écoute active, pour des voyages et des moments de qualité en amoureux. Elle le remerciait de sa patience, de son amour inconditionnel et elle lui souhaitait d'ouvrir son cœur à l'amour à nouveau. Une autre femme allait un jour entrer dans sa vie et elle lui donnait sa bénédiction. Plus que tout, elle souhaitait son bonheur et son mieux-être.

Ce fut très émouvant pour moi d'assister à cette rencontre si intime. Cet homme, si bon et si doux, lui accordait son pardon dans un élan du cœur sans mesure. Il l'aimait profondément et malgré certains manques, il avait apprécié la femme et la mère qu'elle était. Il y a de ces rencontres qui laissent une trace indélébile dans le cœur de chacun. Ce matin-là, j'ai vu l'âme d'une épouse apaisée par l'expression d'un sentiment qui tenaillait son cœur. J'ai aussi vu un homme comblé par les compréhensions, les messages et la présence amoureuse de sa défunte femme. Ce soir-là, quand je suis entrée à la maison, j'ai eu une douce pensée pour cette magnifique personne et je me suis promis de passer un merveilleux moment en compagnie de l'homme que j'aime.

ANICK LAPRATTE,
Intervenante énergétique

- **Le corps mental**

Le corps mental est constitué de toutes les pensées et de toutes les croyances qui, de façons consciente et inconsciente, dictent nos décisions et nos choix de vie. Tout comme les émotions positives assurent un bien-être à l'être humain et à son âme, les pensées et les croyances favorisant la confiance et la réalisation de soi procurent un corps mental en santé et harmonisé.

À l'opposé, des pensées négatives et des croyances telles que: « Je suis né pour un petit pain; la vie est dure, je suis vouée à l'échec; un mariage c'est pour la vie, même si je suis malheureux, on ne m'a jamais écouté et accepté tel que je suis, alors je ne dévoilerai pas mon homosexualité; je n'ai pas le talent nécessaire pour réaliser mes rêves ou je fais un bon salaire alors je ne quitterai pas mon emploi même si cela ne me convient plus », sont certes des épines sabotant le plein épanouissement de l'humain.

Pour une personne en fin de vie, quitter ses proches peut générer une source d'inquiétude importante. De plus, des appréhensions qu'elle aurait face à la mort et à ce qui l'attend dans l'au-delà peuvent également lui causer des tourments. La notion du bien et du mal, et la croyance en l'existence d'un paradis et d'un enfer véhiculée par diverses religions, n'ont rien pour soulager la peur du Jugement dernier. Ainsi, des croyances limitatives et des préoccupations qui habitent encore l'être cher après son décès peuvent assurément faire obstacle à son parcours céleste.

Quant aux personnes qui décèdent avec un problème de santé comme la démence ou l'Alzheimer, un problème de santé mentale ou un trouble comme l'autisme, il est important de savoir que ces âmes seront immédiatement prises en charge par un groupe d'âmes qui leurs sont assignées. Lors de cette prise en charge, le défunt reçoit les soins nécessaires pour l'aider à retrouver une santé globale et une vitalité. Même si cette condition est difficile à vivre sur le plan terrestre, cela est bien souvent motivé par un choix de l'âme de vivre une telle expérience.

Lorsque la mission est accomplie, que cela a servi son évolution ou l'évolution de ses proches, l'âme ressent souvent une grande satisfaction et une profonde empathie pour ceux et celles qui l'ont accompagnée au cours de l'incarnation. Mais même si elle peut compter sur un apport particulier, il ne faut pas perdre de vue que le soutien de ses proches est certes un atout de plus dans cette épuration qui s'annonce.

Ainsi, qu'il s'agisse d'une problématique particulière, de pensées négatives ou de croyances limitatives, nos pensées d'amour et notre soutien peuvent s'avérer salutaires pour l'âme. Sans rien brusquer ni imposer ses croyances, il peut être bénéfique de la rassurer en lui disant qu'en aucun temps, elle ne sera jugée ni punie pour des fautes ou des erreurs qu'elle pense avoir commises sur terre. Comment cela pourrait-il être possible puisque l'au-delà n'a pas été créé par un Dieu punisseur, mais par une source d'amour inconditionnel prête à lui ouvrir les bras sans discrimination ni restriction aucunes. Avec patience, humilité et sagesse, elle apprendra à transcender les croyances et les limites qu'elle s'était imposées. Elle pourra retrouver la foi en son plein potentiel, en l'abondance de ressources, de créativité et d'amour infini qui sont à sa portée.

EN ROUTE VERS LE PARADIS

Au cours de mes méditations, il m'arrivait souvent de recevoir la visite de mon père décédé. Et à chaque fois, c'était un pur bonheur de pouvoir discuter et de partager l'amour que nous éprouvions l'un pour l'autre. Un jour, lors d'une méditation matinale, j'ai eu la surprise de recevoir pour la première fois la visite de ma grand-mère Victoria qui était décédée depuis déjà 54 ans.

À mon grand étonnement, le premier contact fut très étrange et me laissa perplexe. Devant moi, elle portait des vêtements gris et ternes, et elle arborait une mine fatiguée. Je me souviens même avoir pensé, à son air sévère, qu'elle était peut-être fâchée contre moi. N'arrivant pas à comprendre la raison de sa visite, j'ai eu l'idée de contacter Catherine pour lui demander son avis sur la vision que j'avais eue de grand-maman.

D'un commun accord, nous avons décidé de procéder à une communication subtile avec Victoria afin de comprendre ce qu'elle tentait de me dire. Catherine invoqua donc la présence de ma grand-mère et après les présentations d'usage, celle-ci lui expliqua qu'elle était venue me voir afin d'être aidée et soutenue par sa famille. Elle lui raconta alors qu'à l'époque où elle était encore une jeune fille, elle avait été abusée sexuellement et elle était devenue enceinte. Comme il ne fallait surtout pas que la nouvelle s'ébruite au village et dans la famille, elle fut donc rapidement envoyée chez une tante qui habitait à l'extérieur du village.

Neuf mois plus tard, elle donna naissance à un bébé qui fut immédiatement donné à la crèche en adoption. Le cœur meurtri, elle est revenue et ce lourd secret ne fut jamais dévoilé jusqu'à ce qu'elle se retrouve sur son lit de mort. En effet, pour libérer sa conscience et recevoir l'absolution si chère à son cœur, elle demanda la présence du curé du village. Malheureusement, après une longue confession, le prêtre lui refusa la rémission de ses péchés.

À son décès, ma grand-mère Victoria avait donc emporté avec elle la honte et la tristesse d'une faute qu'elle n'avait pourtant pas commise. Abandonnée par une religion qu'elle aimait tant, elle n'avait pas obtenu le pardon tant espéré. Fervente religieuse et pieuse, elle avait pourtant tout fait de son vivant pour aider son prochain et « mériter son ciel », comme elle le disait si bien à son entourage.

Croyant au paradis et à l'enfer, à son arrivée de l'autre côté du voile, elle se crut indigne du paradis et refusa ainsi la lumière. Ne voulant surtout pas aller en enfer, elle s'était donc retirée dans un monde bien à elle, dans l'attente et l'espoir d'une absolution quelconque.

Après les aveux, Catherine aida ma grand-mère à changer sa perception de ce qu'elle avait vécu sur terre et lors de son arrivée dans l'au-delà. Et elle l'invita à se pardonner et à faire la paix avec la situation. Avec l'aide de Catherine et de ma famille, nous l'avons ensuite accompagnée avec amour et nous avons prié pour elle pendant plusieurs jours.

Quelques jours plus tard, lors d'une autre méditation matinale, quelle ne fut pas ma surprise de revoir ma grand-mère ! Elle était resplendissante dans sa robe lilas clair. Ses longs cheveux étaient défaits et elle avait une mine radieuse. Elle a alors pris mon visage entre ses mains et elle m'a embrassée sur les joues en me remerciant et en me disant qu'elle reviendrait plus tard.

Je garderai toujours au fond de mon cœur un souvenir précieux de cette merveilleuse rencontre. Et chaque fois que je pense à ma grand-mère, je prie pour elle, car je sais que cela lui fait plaisir et qu'elle mérite, comme chacun, son petit coin de paradis avec ceux qu'elle aime.

Avec tout mon amour,

JOCELINE ARPIN,
Propriétaire de la boutique ésotérique « Mon ange »

Pour aider un être cher dans l'épuration des corps subtils, nous vous proposons un exercice de purification et d'harmonisation par la douche de lumière. Par sa puissante action purificatrice, cet exercice offre un soutien important lorsque vient le moment de purifier le corps éthérique, le corps émotionnel et le corps mental. Concernant le corps éthérique, souvent un seul soin énergétique s'avère efficace s'il y a consentement et coopération de la part du défunt. Par contre, comme les autres corps subtils contiennent davantage de blessures ou de situations non réglées avec lui-même et avec d'autres, il est recommandé de vérifier plus souvent l'état de ses corps d'énergie et de procéder au gré des besoins.

EXERCICE DE PURIFICATION ET D'HARMONISATION PAR LA DOUCHE DE LUMIÈRE

Avant de commencer l'exercice, assurez-vous d'informer au préalable le défunt de votre intention d'entrer en communication avec lui afin de vérifier l'état de ses corps subtils et de l'assister dans la purification de l'un d'eux, si tel est son désir. Après lui avoir donné rendez-vous, installez-vous confortablement dans votre lieu de recueillement, puis demandez-lui de prendre place sur un fauteuil près de vous. Et lorsque vous êtes prêt, amorcez la rencontre.

Après avoir pris quelques profondes respirations pour bien vous détendre et vous centrer à l'intérieur de votre corps, portez votre attention sur votre chakra du cœur qui est situé au centre de votre poitrine. Prenez le temps de ressentir sa vibration... L'amour que vous portez en votre cœur est grand, laissez-le imprégner chacune des cellules de votre corps physique, et petit à petit, laissez cette belle énergie imprégner également votre champ énergétique et tout l'espace qui vous entoure...

Prenez le temps de baigner dans ces énergies de bien-être et d'amour... Quand vous êtes prêt, faites appel à votre guide spirituel pour demander son assistance tout au long de la purification et de l'harmonisation du corps énergétique du défunt... Puis, prenez une autre profonde inspiration et commencez l'exercice...

À voix haute ou de façon télépathique, demandez au défunt de vous exprimer comment il se sent dans son corps éthérique (sensations physiques), dans son corps émotionnel (la gamme des émotions), et/ou dans son corps mental (l'état de ses pensées)...

Soyez à l'écoute des ressentis dans votre corps physique, des émotions qui peuvent vous submerger, des mots ou des phrases qui surgiront dans votre tête, et des images qui apparaîtront dans votre troisième œil. Ainsi, au contact des énergies du défunt, la personne peut ressentir de la tristesse, de l'inquiétude ou de la peur. Elle peut également avoir des nausées, avoir froid ou ressentir des douleurs à des endroits précis dans son corps. Ces sensations, ces images, ces mots et ces émotions sont en fait des indicateurs de ce qui doit être purifié et harmonisé chez le défunt.

Prenez le temps d'accueillir avec empathie, respect et compassion ce que le défunt tente de vous communiquer. Écoutez-le sans jugement, sans l'interrompre, sans forcer ni imposer quoi que ce soit. L'écoute et l'amour inconditionnels sont les prémisses du processus de paix et du mieux-être recherché.

Lorsque l'être cher décédé a terminé d'exprimer son état ou ses besoins, et que vous êtes prêt à purifier les énergies lourdes en place, faites la demande suivante...

En ce lieu, je demande la présence de la lumière-amour du Créateur qui purifie et harmonise.

Pour donner suite à la demande, visualisez une douche de lumière blanche dorée descendre de l'Univers pour envelopper entièrement le défunt. Sous cette pluie de lumière, voyez chacune des gouttelettes purifier au passage les énergies du corps éthérique, du corps émotionnel ou du corps mental. Visualisez-le ainsi sous cette douche purifiante aussi longtemps que nécessaire.

Puis, lorsque vous sentez que l'être cher se sent plus apaisé, visualisez une colonne de lumière bleue descendre de l'Univers, et telle une douce couverture chaude et confortable, envelopper complètement le défunt. Cette couverture de lumière aura pour effet d'installer une sensation de mieux-être et de foi en son potentiel divin...

Lorsque vous ressentez que le défunt a retrouvé une certaine sérénité et qu'il semble prêt à retourner dans sa lumière, faites la demande suivante...

En ce lieu, je demande la présence de la lumière-amour éternelle du Créateur.

À la suite de cette demande, voyez une colonne de lumière blanche étincelante prendre tout l'espace afin de purifier et d'harmoniser tant l'environnement de l'être cher que son propre environnement.

Exprimez ensuite votre gratitude au divin et à la lumière-amour pour leur soutien et leur protection constante. Prenez le temps de remercier le défunt pour sa collaboration et dites-lui qu'il peut maintenant retourner en paix sur son plan de lumière. Remerciez-vous également puisque, par votre participation et votre intention, vous avez contribué à améliorer les énergies du défunt.

Finalement, prenez trois bonnes inspirations et revenez tout en douceur dans votre corps physique. Ouvrez les yeux et procédez à quelques étirements.

UN SOUTIEN EN TOUTE SIMPLICITÉ

Au-delà d'une assistance à l'épuration des corps subtils, lorsque l'on souhaite offrir notre soutien à l'être cher de l'autre côté, plusieurs approches sont à notre portée. L'une des manières les plus communes est sans contredit la prière. Lorsqu'on prend un moment pour prier dans le silence de notre cœur, une belle énergie d'amour se déploie alors pour le défunt. Tel un sonar, l'âme peut alors entendre et capter dans ses énergies les vibrations émises par nos pensées et nos prières qui leur sont dirigées.

Les personnes pratiquant une religion ou aimant se retirer dans le silence d'une église aiment aussi parfois faire chanter une messe pour le défunt. Cette approche ne peut être qu'une aide pour l'âme qui reçoit alors des prières chantées par un groupe de personnes qui s'adonnent à cet art avec dévotion. Les vibrations émises en groupe sont très puissantes et peuvent s'avérer profitables pour une âme en cheminement. En ce sens, il est possible également d'apporter son soutien au défunt en faisant appel à une communauté de prière telle que les sœurs carmélites[5] ou toute autre communauté pastorale offrant un service de soutien et d'entraide.

Pour ceux et celles qui ne pratiquent pas une religion précise et qui préfèrent opter pour un soutien spirituel basé sur

5. http://lecarmel.org/communautes/soeurs/carmelites-de-montreal.php.

des soins énergétiques, il est possible de faire appel à des groupes qui pratiquent le reiki, les soins esséniens ou qui font des cercles spirituels de méditation ou de guérison. Bien branchés sur le cœur, ces gens peuvent être d'une aide précieuse pour l'âme qui doit activer un processus de guérison pour poursuivre son cheminement.

Dans un tout autre ordre d'idée, les rencontres entre amis sont aussi une belle occasion d'honorer la mémoire du défunt. En bonne compagnie, il peut s'avérer bénéfique, tant pour l'âme que pour soi, de parler de lui en bien, d'évoquer les souvenirs heureux, d'exprimer notre joie de l'avoir connu, et de rire de ses bons coups et des anecdotes de vie qui ont marqué son parcours. De plus, en invitant le défunt à se joindre au groupe, celui-ci pourra s'imprégner de cette rencontre entre amis qui se déroule dans une atmosphère plus légère, propice au lâcher-prise, à l'humour et à l'amour !

Une autre belle façon d'apporter notre soutien en toute simplicité et dans le confort de notre maison, c'est de faire brûler un lampion ou d'allumer une chandelle. Durant la journée, en voyant cette bougie et sa flamme qui représente la lumière, nos douces pensées s'envoleront tout naturellement vers son âme. On peut également allumer un bâton d'encens, faire jouer une musique douce ou ériger un autel à la mémoire du défunt. Tout cet amour et l'attention qu'on lui porte pourront alors éveiller chez lui une conscience plus grande du lien qui subsiste après la mort, et par le fait même, lui insuffler l'élan de poursuivre son ascension dans la légèreté du cœur.

LES OCCUPATIONS DANS L'AU-DELÀ

Durant la période entre le décès et la prochaine incarnation, la vie de l'âme dans l'au-delà sera certainement riche en expériences, en apprentissages et en activités de toutes sortes. Et comme il n'y a pas de temps déterminé pour transcender les situations reliées à sa vie terrestre, pour vivre le processus d'ascension et pour choisir sa prochaine incarnation, l'âme peut évoluer à son propre rythme et en toute liberté. Ainsi, elle a tout le loisir de gravir les échelons de son cheminement personnel tout en ayant des temps de pause pour réfléchir et intégrer les leçons.

Ces temps de pause dans le processus d'ascension permettent aussi à l'âme de visiter ses proches sur terre pour livrer un message ou pour leur donner un petit coup de main, si bien sûr leurs vibrations sont assez élevées pour servir de guidances. Elle souhaitera alors offrir ce qu'elle a de meilleur, soit ses forces, ses aptitudes, ses qualités et ses talents qu'elle a acquis et développés, au fil des vies et de ses expériences. Elle peut également s'adonner à diverses activités pour se changer les idées, pour servir son évolution ou pour tout simplement s'amuser.

L'âme se sent habituellement interpellée par des occupations et des activités qui font partie de qui elle est et de ce qui la définit en tant qu'âme. Lorsque viendra le temps pour elle de s'amuser et de se divertir, l'âme puisera donc parmi les expériences qu'elle a faites au cours de sa vie et qui sont imprégnées dans sa mémoire. Ainsi, un jeune homme qui adorait descendre les pentes de ski en planche à neige pourra recréer cette réalité dans son monde céleste, afin de pouvoir vivre à nouveau ces sensations fortes qu'il aimait tant.

D'autre part, une âme sereine et dans la lumière qui adorait la musique pourra également s'offrir une petite soirée sur le plan terrestre pour assister à un concert d'opéra ou pour se joindre à la foule venue assister à un spectacle donné en plein air. Une âme peut aussi apprendre à peindre, à perfectionner ses talents musicaux, à maîtriser l'art de l'écriture ou à se consacrer à toutes les autres activités qui la stimulent et qui lui apportent du contentement. Ces occupations sont une façon pour elle de s'accomplir et de croître à travers ce qui l'interpelle intérieurement.

Il arrive aussi que l'âme choisisse une occupation qu'elle aurait voulu pratiquer durant sa vie terrestre, mais que pour diverses raisons, elle n'a pu exploiter à sa guise. D'autres, par l'expérience qu'elles ont acquise au fil du processus d'ascension, voudront offrir leur soutien aux âmes qui éprouvent des difficultés au cours de leur évolution. En outre, une âme qui a guéri des blessures reliées à une dépendance sérieuse à l'alcool pourrait éprouver le besoin d'apporter son aide aux âmes qui traversent le même type de difficultés. D'ailleurs, le fait d'exercer une occupation dans le don de soi et au service des autres, lui permet également de se réaliser et de se sentir utile, appréciée et valorisée.

Accompagnée de son guide spirituel, l'âme peut également choisir des occupations dans le but d'exploiter des aptitudes et des connaissances qu'elle a ou qu'elle souhaite développer plus amplement pour bien servir sa prochaine incarnation. En effet, si tel est son désir de se réincarner pour explorer d'autres avenues pouvant servir son évolution en tant qu'âme, elle sera assistée dans chacune des étapes préparatoires à sa nouvelle vie. Pour s'assurer d'avoir les acquis nécessaires, elle pourra alors choisir des activités pour approfondir des connaissances, explorer diverses émotions ou parfaire des habiletés.

Une âme peut ainsi se joindre à un groupe d'âmes pour recevoir des enseignements sur un sujet distinct, pour apprendre une langue ou pour s'améliorer dans un domaine ou une profession dans lesquels elle souhaiterait exceller. Par exemple, si une âme aspire à devenir professeure ou éducatrice dans un centre de la petite enfance, ses activités dans l'au-delà impliqueront assurément la présence de jeunes enfants. Par ailleurs, tout comme une aide est apportée au moment de la mort, l'âme est également soutenue et aidée dans les choix de vie qui s'offrent à elle et l'acquisition des habiletés nécessaires à la réalisation de sa prochaine incarnation.

Finalement, alors que durant les premiers mois du décès l'âme pouvait faire des allers-retours fréquents auprès des siens pour demander pardon ou donner signe de vie, elle pourrait être moins présente lorsqu'elle s'adonne à des activités ou fait des apprentissages à travers elles. Ayant fait des guérisons et des détachements nécessaires à son évolution, et sachant que ses proches, tout comme elle, doivent également avancer sur leur chemin de vie, la présence auprès des siens se fera de moins en moins dans la matière pour s'effectuer davantage par la voie du cœur. Car même si elle est plus occupée et qu'elle se trouve sur des plans de conscience aux vibrations d'amour intenses, il est toujours possible d'entrer en communication avec l'âme pour prendre de ses nouvelles, pour demander son aide ou pour s'imprégner de sa présence aimante.

L'AMOUR AU CŒUR DE L'ÂME

L'amour humain a des frontières que l'amour divin n'a pas. Par les divers processus d'épuration et tout au long de son ascension, l'âme abat chacune de ces frontières pour s'ouvrir à une dimension encore plus grande de l'amour. La paix, l'harmonie et la béatitude acquises au fil de son évolution apportent ainsi à l'âme une joie incommensurable. Et cet état de grâce lui permet de voir l'être majestueux qu'elle est, la grandeur de son âme et le grand déploiement de la vie.

Pour l'âme, l'amour est désormais l'unique moteur au cœur de ses pensées et de ses actions. Ainsi, lorsqu'une âme

LE COCON DE LUMIÈRE

Avant de commencer l'exercice, assurez-vous d'être bien enraciné. Puis après avoir pris quelques profondes respirations pour bien vous détendre et vous centrer, fermez les yeux et portez votre attention au chakra du cœur qui est situé au centre de votre poitrine. Prenez le temps de ressentir sa vibration. Puis ressentez l'amour que vous avez pour l'être cher grandir en votre cœur et imprégner chacune des cellules de votre corps...

À partir de cet état d'amour qui vous habite et à l'aide de votre intention, invitez l'âme à se joindre à vous et à prendre place devant vous...

Prenez le temps de l'accueillir et de savourer la joie des retrouvailles. Puis, lorsque vous être prêt, à tour de rôle, émettez à partir de votre cœur, tel un pont de lumière, votre amour en direction de l'autre. Voyez l'énergie d'amour envelopper entièrement vos deux êtres dans un magnifique cocon de lumière chatoyant. Cette douce lumière peut être blanche, mais elle peut aussi prendre les teintes de l'amour que vous avez l'un pour l'autre...

Enveloppé de cette magnifique lumière, laissez tout votre être s'imprégner de ces vibrations d'amour aussi longtemps que vous en ressentez le besoin...

Respirez profondément cet amour qui ne mourra jamais et qui vous apporte réconfort, force et mieux-être... Laissez votre cœur parler et soyez à l'écoute de son message et de ses conseils...

Lorsque de part et d'autre l'échange est terminé, inspirez à nouveau profondément à ce lien d'amour qui vous unit et prenez un moment pour vous dire au revoir et pour la remercier pour cette rencontre et ce précieux partage...

Puis, tout en quittant le cocon de lumière, posez vos mains sur votre cœur et rendez grâce à l'amour et à la lumière qui vous habitent et qui imprègnent tout l'espace qui vous entoure...

Prenez une dernière profonde inspiration, puis revenez complètement dans votre corps physique, faites quelques étirements et ouvrez les yeux.

dirige ses pensées vers une personne ou lorsqu'elle souhaite soutenir une autre âme ou un proche dans son évolution, c'est dans ce flot d'amour qu'elle le fera. Et même si elle a délaissé le manteau de sa personnalité, les liens du cœur unissent toujours ceux qui s'aiment. Par conséquent, elle saura capter les belles pensées et les doux sentiments qu'on aura à son égard, tout comme elle pourra offrir réconfort, guidance et amour.

Dans cette optique, il est tout à fait possible de faire appel à l'âme du défunt pour s'unir à elle dans un merveilleux cocon de lumière. Ce temps de rencontre est un moment propice pour s'imprégner des plus belles vibrations qui nous donneront alors le courage de poursuivre sur le chemin de la vie. C'est un moment d'union inégalé dans ce lien d'amour qui subsiste bien au-delà de la mort.

CHAPITRE 8

Soutien à l'accompagnateur

L'après-vie et la guérison des cœurs

Quand nous perdons un être cher, nous vivons un choc terrible. Avec la mort, une partie de nous meurt également, et il faut un certain temps pour cicatriser les blessures du cœur et renaître à la vie. Et même si on voulait se soustraire à la souffrance rapidement, les étapes du deuil sont incontournables et chacun vivra le processus à sa façon et à son rythme. Les circonstances de la mort, les sentiments éprouvés à l'égard du défunt et la façon de gérer la perte vont grandement influencer les étapes qui jalonnent le chemin qui conduit à l'acceptation.

Le deuil est certes une étape difficile dans une vie. Par la force des événements, et souvent malgré nous, la vie nous plonge dans une profonde transformation qui nous amène à nous redéfinir en tant qu'individu. Et compte tenu du lien qui nous unissait au défunt, nous devons également apprendre à vivre sans la présence de l'autre. Nous devons nous reconstruire une vie et y donner un sens.

Et quoiqu'il n'existe pas de solutions miracles pour s'affranchir du deuil, il est possible de gérer les répercussions que cette perte suscite dans notre vie. Petit à petit, le vide créé par l'absence sera remplacé par une présence à soi-même et à la réalisation de nouveaux projets.

Mais le deuil ne vise pas qu'un travail de guérison sur soi-même. Parce que le processus n'est pas une voie à sens unique, il convient aussi de porter notre regard sur les bienfaits qu'un soutien mutuel avec l'être cher décédé peut engendrer. Unis par les liens du cœur, c'est aussi en se connectant à la force de l'amour et en s'ouvrant aux signes et à l'aide qu'il nous envoie que nous pouvons guérir ensemble, aimer à nouveau et évoluer sur nos chemins respectifs.

VIVRE SON DEUIL UN JOUR À LA FOIS

Le deuil est une période très difficile à traverser. Il faut donc être patient et indulgent envers soi-même et ses proches qui sont également touchés par la mort de l'être aimé. Chacun vit son deuil à sa façon et à son rythme, et il importe de s'accorder du temps pour panser ses blessures et prendre soin de soi. Tout comme une convalescence est nécessaire après une chirurgie, notre cœur, notre corps et notre âme ont également besoin de se refaire une santé après le départ d'un être cher. Accompagner quelqu'un qu'on aime vers la mort et traverser un deuil, voilà qui peut s'avérer très exigeant sur les plans physique, psychique, émotif et énergétique. Ainsi, comprendre les répercussions que le deuil peut générer dans tout notre être peut assurément nous aider à retrouver une santé globale et un mieux-être.

Les répercussions du deuil sur la santé du corps physique

Un deuil peut avoir un impact sur le corps qui réagit lui aussi à la perte et aux traumatismes laissés dans l'organisme. Souvent, les personnes vont souffrir d'insomnie, de perte d'appétit, de maux de tête et d'un état léthargique. Selon Christophe Fauré : « *Le deuil a un impact direct sur la santé et il peut même aggraver certains problèmes qui préexistaient avant le décès.* »[1] Par conséquent : « *Il y a une nette augmentation des consultations médicales chez les personnes en deuil. Elles consultent pour des problèmes comme l'anxiété, la dépression ou les troubles du sommeil, mais aussi pour une recrudescence de douleurs musculaires ou articulaires, de troubles digestifs, de vertiges ou de palpitations : ce sont des expressions physiques du deuil.* »[2]

Notre organisme est donc soumis à rude épreuve durant le deuil. Afin de prévenir plutôt que guérir, il serait donc bénéfique pour la personne de préserver un minimum d'hygiène de vie et d'opter pour certaines approches naturelles qui diminueront les conséquences néfastes du deuil sur le corps. Un sommeil de bonne qualité, une alimentation saine et variée, une activité physique régulière, un ressourcement en nature ou dans un spa, des méthodes de relaxation telles que le yoga ou le taï-chi ou toute autre approche holistique visant à régénérer l'énergie vitale du corps humain sont tout à fait indiqués pour se refaire une santé. Prendre soin de son corps en période difficile, c'est se donner la force et les outils nécessaires pour gérer et surmonter les vagues émotionnelles qu'un deuil peut susciter.

---

1. http://www.traverserledeuil.com/comprendre-le-processus-de-deuil/dossiers/les-dossiers-du-mois-archives/61-deuil-et-sante.
2. *Ibid.*

Les répercussions du deuil sur la santé émotionnelle

Les émotions à fleur de peau font partie du deuil, c'est inévitable. Être en proie à des émotions tout aussi variées qu'imprévisibles peut certes être déconcertant et fort perturbant. Allant de la dévastation absolue à l'espoir en des jours meilleurs, l'endeuillé devra faire preuve de courage et de patience pour accueillir ces émotions, les ressentir pleinement et les exprimer pour s'en libérer. En effet, malgré la grande souffrance qu'elles suscitent, il est primordial d'exprimer sa peine ou sa colère pour atteindre un sain équilibre émotionnel.

Les larmes, les mots, les câlins, l'écriture, la musique et la peinture sont des moyens à notre portée pour libérer les douleurs qui assaillent notre cœur. Peu importe le moyen choisi, l'important, c'est d'arriver à se dégager de sa nature pudique, de sa peur à affronter ses émotions ou de sa crainte de « déranger » les autres pour donner pleinement libre cours à la manifestation des sentiments qui nous envahissent. Certains croient à tort qu'il est inutile de pleurer, que cela ne peut ramener le défunt et que ça ajoute même à la lourdeur déjà installée.

Pourtant, le vieil adage qui dit que tout ce que l'on réprime s'imprime est d'une véracité surprenante. Les émotions refoulées sont comme des lunettes de soleil qui viennent teinter le paysage. Ainsi, chaque événement rencontré en cours de route sur le chemin du deuil sera vécu et interprété à travers son filtre émotif actuel. C'est donc en exhortant sa peine et sa douleur, un jour à la fois, que l'on pourra arriver à mieux vivre les événements et à faire place à la paix et à la joie.

Pour certaines personnes, l'expression des émotions prend beaucoup de place dans l'évolution de leur deuil et il arrive qu'avec le temps, l'entourage devienne moins réceptif à l'accueil des émotions ou se trouve dans l'incapacité de gérer un trouble émotif grandissant. Lorsque la douleur s'envenime, que le deuil se prolonge ou que l'on éprouve tout simplement le besoin de parler à une personne en dehors du réseau familial ou amical, il peut être bon de consulter un professionnel de la santé ou tout autre organisme d'entraide.[3]

Les répercussions du deuil sur la santé psychologique

Un deuil difficile peut avoir un impact important sur la santé psychologique d'une personne. Le sentiment de manque et le vide généré par l'absence de l'être cher sont des facteurs importants qui génèrent une grande souffrance morale. Il est évidemment difficile de combler un vide laissé par le départ d'une personne aimée et irremplaçable. Pour l'endeuillé, plus rien ne sera jamais pareil ! Il y aura toujours un avant et un après le deuil. Il doit donc composer avec cette réalité et s'adapter à un environnement dans lequel le défunt sera absent. En plus de supporter l'absence, il doit aussi mettre fin aux projets communs et assumer seul ou abandonner des tâches ou des activités qu'il avait l'habitude de faire en compagnie de l'être cher décédé. La montagne peut sembler alors impossible à gravir et tous ces deuils à accepter peuvent donner l'impression de frôler la folie.

Lorsque ça ne va pas, s'entourer de ceux qu'on aime est fort important pour briser l'isolement et pour reconstruire des bases sur lesquelles notre avenir peut reposer. Cependant, l'aide de nos proches peut s'avérer limitée, surtout lorsqu'on nous incite à passer à autre chose rapidement ou lorsque le deuil devient pathologique. C'est pourquoi « … *les conseillers et les thérapeutes spécialisés dans le deuil sont d'une aide précieuse,*

3. La Maison Monbourquette offre une ligne d'écoute et un groupe de soutien pour toute personne éprouvée par le deuil. www.maisonmonbourquette.com.

car ils font preuve d'objectivité et de patience dans le cadre de leurs consultations. Tout le monde vit son deuil différemment. Le thérapeute ou conseiller permet à la personne affligée de s'extérioriser afin de comprendre où elle en est exactement dans ses sentiments. »[4]

Les êtres chers qui nous aiment veulent notre bonheur. Il en va de même pour le défunt qui assiste bien malgré lui au désarroi qui nous afflige par son départ. Par respect envers la vie qui nous habite, par amour pour soi et pour celui qui nous a quittés, nous avons le devoir, si la détresse est grande, de nous reprendre en main en allant chercher de l'aide. Le repli sur soi, la dépression ou tout autre trouble psychologique sont de grandes afflictions pouvant être résolues avec l'aide d'un psychologue ou d'un thérapeute du deuil.

Au fil des jours et des mois, il est tout à fait normal de ressasser les souvenirs nous reliant au défunt. Au début, des images de la maladie et de la fin de vie de l'être cher peuvent hanter notre esprit. Mais lorsque ces souvenirs refont surface, il n'y a pas de place pour les beaux souvenirs qui peuvent nous donner la force de traverser le deuil. De ce fait, pour nous aider à enrayer les idées sombres, on peut se rappeler que l'être cher n'est pas qu'un corps physique qui s'est éteint et, qu'à son arrivée dans l'au-delà, il a pu retrouver la santé et la belle vitalité qui le caractérisaient.

On peut également regarder des photos où il était heureux et en santé. Sans occulter la réalité du départ ou la peine que cela peut causer, faire revivre les bons souvenirs, seul, en famille ou entre amis, est une excellente façon de laisser les doux moments effacer petit à petit les souvenirs douloureux. Avec le temps, les images difficiles s'estomperont pour faire place aux souvenirs des jours plus heureux passés ensemble.

---

4. http://www.canadian-health.ca/7_3/52_f.html.

Durant la première année du deuil, il y aura inévitablement des dates importantes qui nous rappelleront des événements douloureux : le jour du diagnostic de la terrible maladie, les dates de chirurgies, le fameux matin du pronostic de fin de vie, et bien sûr le jour fatidique du décès de l'être aimé. Pour minimiser le stress psychologique et mieux vivre ces jours « anniversaires », on peut faire en sorte de transformer le souvenir désagréable en créant à cette même date, un événement qui nous apaise et nous fait du bien.

Pour ma part, à la date anniversaire du premier diagnostic de cancer de mon mari, je me suis envolée pour le Mexique avec ma sœur afin d'y passer quelques jours au soleil. En créant un événement plus heureux, qui fait du bien et qui apaise, on transforme consciemment l'énergie du triste souvenir en un moment plus agréable et réconfortant. Il ne s'agit pas ici de nier le souvenir, mais se remémorer constamment dans la douleur chacun des événements qui a marqué le grand départ de l'être cher ne fait qu'ériger un barrage devant la guérison du cœur.

De plus, certains croient, à tort, que de pleurer et de souffrir pendant longtemps, cela représente une preuve d'amour inéluctable envers l'être cher disparu. Et par conséquent, sourire, rire et profiter de la vie démontre qu'on l'a oublié et qu'il n'a plus d'importance à nos yeux. Pourtant, n'y a-t-il pas de plus belle façon de préserver le lien d'amour qui nous unit au défunt en vivant pleinement et en lui rendant hommage dans la sérénité du cœur ?

Il importe aussi de mentionner que ce n'est pas parce que nous avons le cœur plus léger que nous ne verserons plus de larmes. Il y a les larmes purificatrices, les larmes complices et les larmes de joie. Et c'est à travers ces larmes que le souvenir se métamorphosera, car l'objectif n'est pas d'oublier, mais d'aimer différemment. Selon Jean Monbourquette, spécialiste du deuil : « *Des gens croient à tort que le deuil consisterait à oublier l'être cher disparu. On ne doit pas et on ne devrait jamais essayer d'effacer le souvenir d'un défunt. Au cours du processus de deuil, le souvenir du proche décédé se fera moins obsédant et moins douloureux. Et le deuil est terminé quand on a réussi à établir une nouvelle relation avec le défunt. L'endeuillé peut alors jouir de sa douce présence à l'intérieur de lui.* »[5]

Prendre un jour à la fois, s'accorder du temps pour composer avec la nouvelle réalité, aller chercher les ressources nécessaires et choisir d'alimenter des souvenirs plus heureux sont certes des facteurs favorisant un mieux-être et une saine santé psychologique.

Les répercussions du deuil sur la santé des corps subtils

Le processus du deuil peut générer des conséquences considérables pour la santé des corps subtils. La souffrance émotive est en grande partie responsable de ce déséquilibre énergétique qui peut causer une baisse d'énergie, un manque d'enracinement, un affaissement des corps et une hypersensibilité émotionnelle. Pour rétablir l'équilibre, les corps d'énergie et les chakras auront besoin d'être purifiés et harmonisés. Sans oublier les autres corps, il sera important d'apporter une attention particulière au corps émotionnel qui, de par la situation, risque d'être grandement éprouvé par les émotions inhérentes au deuil. Quant aux chakras, c'est le plexus solaire et le chakra du cœur qui auront davantage besoin de recevoir de bons soins.

En ce sens, il existe plusieurs ressources disponibles pour restaurer sa santé énergétique. Certains praticiens offrent des

5. Jean Monbourquette et Isabelle D'Aspremont, *Excusez-moi, je suis en deuil*, Éditions Novalis, 2011, p. 27.

soins comme le reiki qui agit davantage sur le plan du corps physique, des chakras et du corps éthérique de la personne. Tandis que d'autres proposent des soins pour l'ensemble des corps d'énergie. Il convient donc de s'informer auprès des intervenants pour connaître les soins énergétiques[6] offerts afin de faire un choix éclairé en fonction de ses besoins.

En plus des diverses approches suggérées pour soulager les répercussions qu'un deuil peut causer, voici un exercice pour vous aider à purifier et transcender les énergies lourdes reliées à une problématique vécue sur les plans physique, émotionnel ou mental.

LA BULLE D'ÉNERGIE PURIFICATRICE

Avant de commencer l'exercice, assurez-vous d'être bien enraciné. Puis après avoir pris quelques profondes respirations pour bien vous détendre et vous centrer, fermez les yeux puis revenez à une respiration normale tout en gardant votre attention sur votre souffle. Et lorsque vous êtes prêt, procédez à l'exercice suivant.

Installé confortablement, portez votre attention sur votre chakra du cœur. Prenez le temps de ressentir le flot d'amour qui vous habite et de vous en imprégner complètement. Ensuite, visualisez une magnifique bulle de lumière translucide prendre forme tout juste devant vous...

À l'aide de votre intention, placez à l'intérieur de cette bulle une situation, un souvenir ou une émotion qui vous fait actuellement souffrir. Cela peut être un problème de santé physique, une émotion reliée à un événement difficile, une tristesse qui persiste, une situation douloureuse à accepter ou une grande fatigue morale, physique ou énergétique... Lorsque vous faites cet exercice, assurez-vous de prendre le temps de placer une problématique à la fois.

6. Une liste et un descriptif des différents soins énergétiques sont offerts dans la section supplémentaire, à la page 203.

Tout en contemplant votre douleur ou cette situation difficile qui pénètre dans la bulle, acceptez pleinement et consciemment de vous libérer de cette souffrance qui nuit à votre bonheur et à votre cheminement sur terre...

Lorsque vous sentez que les souffrances ont quitté votre corps physique et vos corps d'énergie pour se retrouver dans la bulle, visualisez ce qui vous afflige, laissez-vous imprégner totalement d'une énergie d'amour, de compassion et de paix... De votre cœur, vous pouvez également diriger de belles énergies d'amour et de tendresse vers ce tourment...

Puis, visualisez la bulle de lumière qui s'élève tout doucement dans les plus hautes sphères célestes pour être purifiée, pacifiée et bénie par des êtres de lumière d'un amour infini... Remerciez chacun d'eux d'accueillir et de purifier cette souffrance qui ne vous sert plus...

S'il y a encore des résistances, d'autres souvenirs ou des émotions difficiles qui refont surface, recommencez l'exercice tant et aussi longtemps que vous en ressentirez le besoin...

Et lorsque tout est terminé, que la situation est purifiée ou que vous ressentez un mieux-être s'installer, posez vos mains sur votre cœur et rendez grâce à l'amour et à la lumière qui vous habitent et qui imprègnent la situation que vous venez de bénir. Prenez le temps de respirer et de vous imprégner totalement des énergies de confiance, de réconfort et d'amour divin...

Et quand vous êtes prêt, exprimez ensuite votre gratitude aux êtres de lumière et à votre guide spirituel pour leur soutien et leur protection constante. Remerciez-vous également puisque par votre participation, vous avez contribué à transcender les énergies d'une situation difficile. Par le pouvoir de l'intention et l'élan de votre cœur, vous avez fait un pas de plus sur le chemin de la guérison et du mieux-être.

Finalement, prenez trois bonnes inspirations et revenez tout en douceur dans votre corps physique. Ouvrez les yeux et procédez à quelques étirements.

LIEUX DE RECUEILLEMENT

Lorsqu'on perd quelqu'un qu'on aime, il est normal d'avoir du chagrin et de s'ennuyer de lui. Dans les moments où son absence nous pèse et que l'on souhaiterait être en sa présence, il peut s'avérer réconfortant de se retirer dans un lieu propice au recueillement et à la communion des âmes. À cet effet, plusieurs endroits sont tout à fait indiqués. On retrouve, entre autres, le cimetière où certaines personnes aiment aller se recueillir sur la tombe du défunt. Bien que l'âme de celui-ci n'habite pas ce lieu, il peut tout de même être présent pour la personne qui le prie et l'invoque à ses côtés.

Il y a également les églises qui, à titre de sanctuaires, inspirent à la prière et à un état de paix intérieure. Ces lieux de quiétude accueille tous ceux et celles qui ont besoin d'ouvrir leur cœur au défunt en présence d'une énergie christique. D'autres vont davantage opter pour un temps de recueillement dans un parc, près d'un lac ou en forêt. La contemplation des beautés de la nature et le calme que cela procure incite naturellement à l'introspection, à l'émergence des émotions et au dialogue avec l'au-delà.

En outre, le moment avant de sombrer dans les bras de Morphée est une autre belle occasion pour entrer en communication avec le défunt. Le silence de la nuit porte naturellement au recueillement et transporte plus facilement nos belles pensées et nos prières au défunt. De façon naturelle, beaucoup de gens prennent un moment avant de s'endormir pour faire leur prière, pour parler à l'être cher décédé, et pour lui transmettre tout son amour.

Finalement, pour ceux et celles qui préfèrent se réserver des espaces de communion avec le défunt à la maison, il est possible d'aménager un lieu de recueillement chaleureux et personnalisé. Évidemment, cela requiert d'avoir un espace dans lequel on pourra se retirer sans être dérangé par des éléments extérieurs tels que le téléphone, les animaux de compagnie ou les membres de la famille.

Pour vous aider, voici une liste d'éléments pouvant vous être utiles pour créer un espace personnel de méditation et de communion. Cependant, quand viendra le moment d'aménager votre espace, soyez à l'écoute de vos besoins et laissez-vous inspirer par votre cœur. Car c'est l'amour et la créativité qui se trouvent en vous qui feront de votre lieu, un endroit à votre image et correspondant à vos besoins.

- Une table pour disposer les objets;
- Une nappe;
- Une belle photo du défunt;
- Des bougies;
- De l'encens;
- Un diffuseur d'huiles essentielles;
- Une pierre de sélénite;
- Une lampe de cristal de sel de l'Himalaya;
- Une fontaine d'eau intérieure;
- Des images inspirantes pour le cœur et l'âme;
- Des cartes oracles ou de tarot;
- Des figurines d'ange, de bouddha ou toute autre statuette de son choix;
- Une plante ou des fleurs fraîches;
- Un boîtier ou une pyramide de verre pour y déposer nos prières et nos demandes à l'Univers;
- Un livre de prières;

- Un livre de pensées ou de citations inspirantes;
- Un livre pour écrire à l'être cher décédé et pour y noter nos pensées et nos prières.

Un lieu de recueillement se veut d'abord un endroit de ressourcement et de paix. Qu'on choisisse de se recueillir en nature, au cimetière ou dans un lieu personnalisé, lorsqu'on souhaite communiquer avec le défunt, ce qui importe avant tout, c'est de ressentir un état de calme et d'intériorité. Car peu importe le lieu physique choisi, c'est à partir du cœur qu'une véritable communication s'établira.

L'acceptation

Au décès de l'être cher, il n'y a pas que le deuil de la personne qu'il faille faire. Il y a aussi tous ces deuils, petits et grands, qui viendront bouleverser notre quotidien. Certains auront à faire le deuil des rêves et des projets qu'ils chérissaient avec le conjoint, d'autres feront le deuil de voir leur enfant grandir, se marier ou avoir eux-mêmes des enfants. Il y a aussi le deuil des rencontres sociales, amicales et sportives qui ne seront plus jamais comme avant. Et quand le défunt était un partenaire de vie, en plus de faire le deuil des moments empreints de tendresse et de complicité, il faut aussi faire le deuil du soutien à l'entretien de la maison.

Au fil des jours, ces manques accumulés peuvent devenir insupportables et provoquer de grandes frustrations. Quant aux nouveaux défis que la vie nous impose, certains éprouveront une grande colère, un sentiment d'injustice, une peur de ne pas y arriver ou parfois même un profond déni.

Traverser un deuil demande du temps et une grande capacité de résilience. Et pour mieux vivre le processus, il est important d'accueillir et d'accepter chacune des étapes qui se présentent à soi. Dans son livre, *Sur le chagrin et le deuil*, Elisabeth Kübler-Ross, pionnière de l'approche des soins palliatifs pour les personnes en fin de vie, explique que l'endeuillé rencontrera cinq étapes majeures lors de son deuil. Selon elle : *« Les cinq étapes du deuil – le déni, la colère, le marchandage, la dépression et l'acceptation – font partie du cheminement au cours duquel nous apprenons à vivre avec l'absence de l'être perdu. »*[7] Ainsi, lorsque l'on comprend que ces émotions font partie intégrante du sentiment de perte, il devient plus facile d'entrevoir le deuil comme un processus qui peut conduire à l'acceptation et à la reconstruction de soi-même et de sa vie.

La guérison des cœurs passe inévitablement par un processus d'acceptation de la mort et de la nouvelle réalité qui s'installe. Mais comment accepter la souffrance, la cruelle absence et cette nouvelle vie qui s'impose ? En fait, accepter « ce qui est » ne signifie pas de rationaliser ou de se résigner. Être passif, insensible, indifférent ou feindre un bien-être n'est pas non plus de l'acceptation.

La véritable acceptation en est une définitive, totale, complète et sans résignation. Il n'est certes pas facile d'accepter le départ d'un être cher, d'apprendre à « être » sans l'autre et de se recréer une routine. Mais plus on acceptera la réalité telle qu'elle est, plus on sera honnête envers soi-même en accueillant les émotions sans les bousculer, les nier ou les refréner, et plus on sera ouvert aux changements qui s'annoncent, moins forte deviendra la douleur.

Ainsi, en suivant le courant naturel du deuil, la personne ira d'acceptation en acceptation : accepter d'exprimer sa colère, accepter d'être triste, accepter que son deuil n'est pas terminé,

7. Elisabeth Kübler-Ross et David Kessler, *Sur le chagrin et le deuil*, Éditions JC Lattès, 2009, p. 25.

accepter un autre matin rempli de chagrin, accepter de pleurer, de crier, d'en parler et d'en parler encore, de faire les choses différemment, de vivre autrement et de changer ses habitudes de vie. Se donner du temps, accepter et apprivoiser tout en douceur et à son rythme les aléas du deuil, voilà de belles façons de permettre au courant naturel de la vie de tracer la nouvelle voie à emprunter et à aimer.

Dans tout processus de deuil, la personne doit également faire la paix avec la notion de plaisir. Parce que l'être cher n'est plus, plusieurs se sentent coupables de vivre ou ils ne trouvent plus la force de vivre heureux en son absence.

Pourtant, rire et avoir du plaisir dans le deuil n'est pas une faute. Au contraire ! Même s'il peut sembler difficile de prime abord de s'accorder de petites attentions, c'est d'abord et avant tout en acceptant la joie et le plaisir dans notre vie que le soleil pourra briller à nouveau. Par conséquent, lors des jours plus difficiles, il peut être bénéfique de se poser la question suivante : *Qu'est-ce qui, en ce moment, me ferait plaisir et me procurerait un bien-être ?* Par la suite, il convient d'être attentif aux réponses émises par notre corps, notre cœur, nos émotions et nos énergies pour faire des choix appropriés.

Le moment venu, il y a une multitude de façons de prendre soin de soi et de se faire plaisir. Pour faciliter nos choix, on peut se faire une liste de petites et grandes attentions que l'on souhaite s'offrir de façon régulière. Bien à la vue, cette liste peut être un doux rappel de notre importance et un appel au mieux-être et aux plaisirs de la vie.

LA LISTE D

Au cours des mois suivant le décès de mon mari, il arrivait fréquemment qu'on me dise de bien prendre soin de moi. Par automatisme je répondais par l'affirmative, mais il m'était souvent difficile de conserver mes énergies et de garder le moral. Puis un jour, alors que je cherchais des moyens pour accéder à un mieux-être, j'eus l'idée de me créer une liste de petits et grands bonheurs que je pourrais m'offrir au quotidien et qui me procureraient des bienfaits immédiats. C'est ainsi que naquit la liste que je nommais affectueusement ma « liste D ».

Pourquoi « liste D » ? En fait, lorsqu'on inverse ces deux mots, on obtient « D » liste, et si ces mots sont prononcés rapidement, on peut entendre « délice ». Certes, il n'était pas toujours facile pour moi de combiner deuil et délice, mais ces petites joies gagnées au quotidien m'ont permis de renouer avec le plaisir de vivre. Et bien que la mort de mon mari ait été l'une des épreuves les plus difficiles de mon existence, il n'en demeure pas moins que la vie dans son ensemble est un pur délice, un privilège et mérite qu'on en savoure chaque instant. Et encore à ce jour, je puise à cette liste chaque fois que je ressens le besoin de prendre soin de moi ou de me reconnecter aux beautés et à la puissance de la vie.

CATHERINE POIRIER
Thérapeute énergétique

Afin de vous inspirer à bien prendre soin de vous, voici quelques suggestions pouvant vous aider à créer votre propre liste des délices de la vie :

- Prendre un long bain chaud moussant ;
- Écouter sa musique préférée ;
- Lire un bon livre ;
- Aller marcher en nature ou dans son quartier ;
- Aller nager à la piscine ;

- Faire de l'exercice ;
- Aller au zoo avec un enfant ou un ami ;
- Manger une crème glacée par une belle journée d'été ;
- Aller dans un nouveau restaurant ;
- S'offrir son plat préféré et le déguster à la lueur des chandelles ;
- Faire une sortie spéciale avec un ami ;
- Faire des courses et s'acheter de beaux vêtements ;
- Aller chez l'esthéticienne, chez le coiffeur, dans un centre de santé (spa), etc.
- Aller danser entre amis ou danser seul dans sa cuisine ;
- Aller au cinéma ;
- Aller voir un spectacle d'humour ;
- Aller voir un spectacle de chant ou de danse ;
- Faire une longue balade en voiture à la campagne ;
- Appeler un ami (avec qui on n'a pas parlé depuis longtemps) ;
- Faire une sieste durant la journée ;
- Dormir tard le matin ;
- Écouter le chant des oiseaux ;
- Écouter la pluie tomber ;
- Prendre un bain de soleil ;
- Recevoir un câlin d'une personne qu'on aime ;
- Faire l'amour ;
- Voyager ;

- Recevoir un massage aux pierres chaudes ou de détente ;
- Recevoir des soins énergétiques ou d'autres soins holistiques ;
- Créer son propre jardin ;
- Faire du bénévolat ;
- Tenir un bébé dans ses bras ;
- Etc.

Durant la période de deuil, il est important de s'accorder des plaisirs simples et même oser faire des folies. Ces moments de bien-être et de plaisirs qu'on s'offre agiront comme un baume anti-chagrin, rehausseront nos énergies et feront du bien à tout notre être qui en a grandement besoin. Et vous ? Qu'inscrirez-vous sur votre liste « D » ?

QUAND LE DÉFUNT NOUS VIENT EN AIDE

Comme nous l'avons vu tout au long de ce livre, la traversée du deuil suppose pour la personne de faire face à différents écueils. Elle pourra bien sûr compter sur l'appui et le soutien de ses proches ou de professionnels de la santé, mais elle pourra aussi, si elle le désire, obtenir aide et réconfort du défunt. En effet, les âmes qui sont dans une belle énergie et qui peuvent intervenir vont se faire un devoir et un plaisir d'appuyer leurs proches. Souvent, ne voulant pas déranger le processus d'évolution de l'âme, certaines personnes hésitent à demander l'aide du défunt. Pourtant, s'il était enclin à soutenir les siens de son vivant, il éprouve toujours le même désir d'être auprès de ceux qu'il aime lorsqu'ils sont en difficulté.

Imprégné par l'amour qu'il nous porte, le défunt fera tout en son pouvoir pour manifester sa présence ou apporter son soutien. Il peut, entre autres, venir vous offrir un câlin, tant dans les rêves que dans la réalité ; il peut visiter un parent ou un ami en rêve afin qu'il puisse vous transmettre un message ; il peut inciter une personne à vous téléphoner ou à vous rendre visite ; il peut vous insuffler l'inspiration de contacter une personne en particulier ou attirer votre attention sur une chanson, un film ou un programme télévisé qui pourrait vous faire du bien.

Par sa présence aimante à vos côtés, le défunt peut sécher vos larmes, vous transmettre de l'énergie et vous donner le courage d'affronter et de relever les divers défis de la vie. Il arrive aussi qu'il orchestre des rencontres inusitées et porteuses de messages réconfortants. En effet, un collègue de bureau peut soudainement vous proposer des billets pour assister à une conférence puisqu'il est dans l'impossibilité d'y aller, un voisin qui fait une vente-débarras peut vous offrir une boîte de livres dans laquelle se trouve exactement ce dont vous avez besoin pour prendre une décision, ou un inconnu ressemblant étrangement au défunt peut vous esquisser son plus beau sourire et vous souhaiter une très belle journée. Les façons d'intervenir sont nombreuses et variées. Il importe donc d'être attentif à son environnement et à ses ressentis lorsqu'on souhaite le soutien et l'amour du défunt. Nos êtres chers décédés sont beaucoup plus près de nous et bien plus créatifs que nous le croyons !

Il arrive cependant que certaines personnes affirment ne pas ressentir la présence ou le soutien du défunt. Ce n'est pas que celui-ci n'est pas à leurs côtés. En fait, lorsque la douleur émotive est trop grande, cela a pour effet de créer un champ électromagnétique si dense qu'il forme en quelque sorte un bouclier qui bloque la perception des messages ou du soutien apporté. Dans un tel cas, prendre de bonnes respirations profondes peut aider à créer un état de détente nécessaire à la réception des messages et à la reconnaissance des synchronicités.

Par la présence du défunt, il est tout à fait possible de guérir ensemble des blessures du deuil. En lui demandant de nous accompagner sur cette voie et en lui communiquant nos états d'âme et nos ressentis, l'âme peut également participer au processus de guérison en procédant lui aussi à la purification des émotions, des situations et à la transformation du lien. La guérison sera alors mutuelle et simultanée. Ainsi, lorsque nous guérissons une blessure, l'âme peut guérir aussi. Et lorsque le défunt soigne son âme et ses corps d'énergie, notre âme peut en ressentir un profond soulagement. Il n'y a donc ni séparation ni temps, il n'y a que l'amour présent au cœur d'un processus de soutien mutuel vers un mieux-être partagé.

Ainsi, lorsque le défunt est disponible et disposé, il est tout à fait possible de bénéficier de son aide et de son amour. Sans imposer une façon de faire ni retenir sa présence, ouvrez votre cœur et votre esprit aux multiples possibilités, car nos âmes sont pleines de ressources et ne demandent pas mieux que de servir l'amour au nom de la guérison.

ALLER DE L'AVANT

L'être humain est naturellement doté d'une force intérieure qui lui donne la capacité de surmonter les épreuves. C'est une grande force de résilience jumelée à la foi en notre âme qui nous donne bien souvent le courage et l'élan de nous définir autrement. En effet, le départ de l'être cher n'est pas attribuable au hasard. Malgré les souffrances perçues par la personnalité, notre âme a bel et bien consenti à vivre cette expérience pour s'affranchir d'un nœud karmique ou pour développer des outils servant son évolution. Et il faut se rappeler qu'une âme ne choisit pas une épreuve sans ressources à sa disposition. Ainsi, influencé par le désir de son âme de se voir transformée et grandie par l'épreuve, et en portant notre regard sur l'aide et le soutien qui parsèment notre chemin, il est plus facile d'accepter d'aller de l'avant.

Bien des gens se demandent quelle est la durée normale d'un deuil. En fait, il n'y a pas de temps défini pour guérir son cœur et reprendre pleinement goût à la vie. Le deuil peut durer des mois, voire des années, mais tous s'entendent pour dire que la première année est sans doute la plus difficile. Mais la douleur a une fin, et en choisissant de sortir de sa solitude, en allant chercher de l'aide, en continuant de se nourrir sur le plan affectif, en reprenant ses activités et en acceptant de faire de nouvelles rencontres, la vie nous offre de multiples possibilités de retrouver un sens à notre existence et de lui donner une belle direction.

Par le fait même, cette étape de reconstruction amène l'endeuillé à se réinvestir dans différents domaines de sa vie. Il aura alors à faire des choix, certains plus importants que d'autres, qui lui permettront de reprendre sa vie en main, d'apprécier les petits plaisirs de la vie et de se sentir utile à nouveau. Qu'il s'agisse de retourner au travail ou aux études, de déménager, de concevoir un enfant, de créer de nouveaux liens, d'aimer à nouveau, de fonder une association, d'écrire un livre, de développer de nouvelles aptitudes, ou de choisir une activité telle que la photographie, le bénévolat, la peinture, l'horticulture, la cuisine, le yoga, la danse, le chant, les randonnées pédestres en groupe, ou toute autre activité sportive, ces nouveaux choix de vie amèneront certainement la personne à reconnecter avec son élan créateur et la valorisation de son être.

Une autre excellente façon de stimuler notre énergie vitale et notre désir de vivre pleinement, c'est la thérapie par le rire. Certes, perdre le goût de rire en période de deuil est normal. Cependant, ce qui l'est moins, c'est de ne pas retrouver le désir de rire par la suite. « *Rire est un puissant stimulant de l'humeur. Les gens qui rient sont souvent moins sujets à la dépression et moins touchés par les situations stressantes. Le rire permet donc de mieux affronter les défis et les zones de turbulences.* »[8]

Pour retrouver le goût du rire, il existe divers moyens dont le yoga du rire qui permet, par le biais d'exercices, de stimuler le rire, d'évacuer le stress et de faire retrouver aux gens leur esprit ludique. Les films de comédie, les spectacles d'humour et les rencontres entre amis sont également de belles occasions de goûter à la joie de vivre et de rire à gorge déployée. Après tout, ne dit-on pas que le rire, c'est la santé !

L'AMOUR, UN LIEN ÉTERNEL

Pour bien guérir son cœur, la personne en deuil aura besoin d'apprendre à se donner de l'amour tout autant qu'elle peut en offrir à l'être cher décédé. Car c'est l'amour qui guérit, et absolument tout peut être guéri par l'amour ! Qu'il provienne d'un proche, d'un défunt, d'un être de lumière ou du plus profond de son cœur, l'amour est une grande lumière dans les méandres du deuil. Et lorsqu'on prend le temps de l'accueillir, l'amour pardonne, réconforte, soulage, transforme et nourrit tout notre être. Par sa puissance, l'amour éclipse les blessures du passé, il dorlote au présent et projette sur l'avenir une aura de confiance et de plénitude.

Certes, l'être cher n'est plus, mais l'amour existe encore. Et cet amour est si grand qu'il survit au-delà de la mort. Il dépasse les frontières du temps et de la matière pour se blottir

8. Anick Lapratte et Sylvie Ouellet, *Pétales de vie*, Le Dauphin Blanc, 2010, p. 81.

au sein de nos âmes pour qu'à jamais les liens du cœur ne s'effacent. L'amour devient alors une source intarissable d'inspiration qui inculque la force et le courage de relever des défis, d'aspirer au bonheur, de transformer sa vie et de vivre heureux à nouveau.

Mais le bonheur n'est pas ailleurs, ni un long fleuve tranquille. Il se cultive ici, maintenant, là où on est, dans l'instant présent. Il nous permet de voir les étincelles d'amour tout autour et qui nous guident, pas à pas, sur le chemin du mieux-être et de la découverte de soi. Par l'amour, notre soif de bonheur ne connaît pas de limites et il rend possibles les rêves les plus fous.

Mais par-dessus tout, l'amour fleurit dans la présence que l'on s'accorde à soi-même. Elle fait tomber les barrières du deuil et se propage d'un cœur à l'autre pour rendre hommage à la vie et à ses beautés. L'amour est sans contredit la plus grande puissance de l'Univers et sur terre comme au ciel, elle préserve les liens éternels.

MON FILS, MON ANGE...

Éric avait 22 ans. Et il voulait vivre !

Il avait sa licence de pilote commercial et terminait ses études à l'université, en aviation et en administration pour devenir pilote de ligne, son rêve. Mais après la découverte d'une bosse apparue sur sa poitrine, il a été diagnostiqué souffrant d'une tumeur, le rhabdomyosarcome, un cancer très rare et malin du tissu musculaire. Avec courage et optimisme, il suivit les traitements de chimiothérapie et de radiothérapie à l'hôpital Notre-Dame, où j'avais travaillé comme infirmière. Mais après 11 mois, le cancer est revenu en force et il n'avait plus que 5 % de chances de survie.

Un matin de printemps, on m'a avisée que mon fils était au plus mal. À son chevet, j'ai constaté avec infiniment de tristesse qu'il lui restait peu de temps. J'ai fait venir le prêtre pour les derniers sacrements et j'ai ressenti son âme tressaillir de joie. J'étais très sensible à l'état de mon fils et je le ressentais très profondément dans tout mon être. Je lui ai parlé avec douceur et, agenouillée près de son lit, je lui dis tout l'amour qui était dans mon cœur de mère, la joie si grande de l'avoir eu comme fils, la reconnaïssance de tous les moments si merveilleux vécus ensemble. Je flattais et embrassais son bras, sa main... et je répétais sans cesse que je l'aimais, que j'étais là avec lui et que j'étais si fière de lui. Je voulais qu'il sache qu'il avait accompli sa mission de vie et qu'il était maintenant temps pour lui de laisser aller... que c'était OK... qu'il pouvait partir... qu'il avait fait de son mieux et que tout le monde l'aimait. Les larmes coulaient à flots, mon cœur de mère souffrait horriblement, mais il me fallait continuer pour lui.

Avec beaucoup de douceur et d'amour, je lui dis d'aller vers la lumière. Puis, au bout d'un moment, je le vis sortir de son corps, mais rester tout près, n'osant pas partir, mais écoutant ma voix. Je lui répétai d'aller vers la lumière, de ne pas avoir peur, que les anges étaient là pour l'accueillir. Je lui dis de regarder tout autour afin d'apercevoir la lumière. « *Va vers la lumière, mon grand, tu n'es pas seul, car Jésus est à tes côtés* ». Puis soudain, je vis un geste tendre, une main tendue pour l'accueillir et le conduire dans la lumière. Quelques instants plus tard, les cloches de l'église se sont mises à sonner. Ce fut comme un signe du ciel, mon fils était là-haut.

Dans ce même hôpital où j'avais physiquement donné naissance à mon fils vingt-deux ans plus tôt, je venais maintenant, spirituellement, de l'accoucher au ciel, et ce, avec tout mon amour.

Dès mon retour à la maison, je me laissai choir dans mon fauteuil, trop épuisée et secouée pour assimiler pleinement ce qui venait d'arriver. Dans ma tristesse la plus profonde, mon regard se porta sur une photo d'Éric, posée sur la table du salon. Puis soudainement, j'aperçus un doux rayon de lumière qui émanait de la photo et qui se dirigeait vers mon plexus solaire. C'est alors que j'entendis sa voix me dire : « *Maman, je suis vivant, je suis guéri, je suis libre et je suis dans la joie.* » Puis le rayon de lumière se mit à monter en moi vers le cœur et à jaillir comme une fontaine de joie. Il n'y avait plus de tristesse, que de la joie et de l'amour qui remplissaient tout mon être.

Dès lors, je sus que mon fils allait bien et, tel un ange, il était venu m'apaiser dans cette terrible épreuve qu'est la perte d'un enfant. Encore aujourd'hui, je suis reconnaissante pour ce geste d'amour et sa présence aimante à mes côtés. Les liens du cœur ne se tarissent jamais, et même si je poursuis ma route sur mon chemin de vie, je sais qu'il est à mes côtés et que l'on s'accompagne mutuellement dans cette belle et grande odyssée qu'est la vie. Puis un jour viendra, où je goûterai à la joie des retrouvailles célestes et je pourrai enfin le prendre dans mes bras.

NICOLE LAVOIE MILES,
Fière maman d'Éric Miles

QUATRIÈME PARTIE

Aide supplémentaire

Soins corporels et énergétiques pour mieux vivre l'accompagnement et traverser le deuil

Que nous soyons un accompagnateur désigné ou une personne en fin de vie, il peut être éprouvant sur les plans physique, mental, émotif et énergétique d'affronter les épreuves que le deuil porte dans son sillage. Les approches holistiques (communément appelées médecines douces), présentées dans cette section, peuvent être d'un grand secours pour nous aider à traverser l'accompagnement et le deuil avec plus de force et d'harmonie.

En ce qui concerne les personnes en fin de vie, il est important de préciser qu'en aucun temps il n'est recommandé de cesser les traitements en cours ou la médication prescrite pour s'en remettre uniquement à la médecine douce. Notre vision de la médecine traditionnelle et de la médecine douce en est une de complémentarité et non d'exclusion. D'ailleurs, nous vous suggérons fortement de discuter avec les médecins des soins holistiques que la personne en fin de vie veut recevoir afin de s'assurer qu'il n'y a pas de conflits entre les traitements médicaux, la médication, et les soins holistiques prodigués.

L'objectif, au cours des prochaines pages, n'est pas d'aborder de façon détaillée toutes les approches en soins holistiques disponibles. Il s'agit seulement d'offrir un éventail de possibilités contenant un bref descriptif pour chacun, afin de vous sensibiliser aux multiples ressources existantes pouvant vous aider. Quant aux produits suggérés, ils sont pour la plupart offerts dans des boutiques ou librairies ésotériques, dans des marchés d'alimentation naturelle, ou sur le Net.

HARMONISATION DES CORPS ÉNERGÉTIQUES

L'harmonisation des corps énergétiques est une méthode utilisée depuis des millénaires qui permet d'apporter une purification profonde dans les corps d'énergie de la personne qui reçoit le traitement. Le corps humain n'est pas que matière physique. Il est *également pure énergie et soutenu par sept corps énergétiques que l'on nomme aussi les « corps subtils*[1] *»*.

Ce que nous vivons et ressentons au quotidien influence bien sûr la santé du corps physique, mais aussi la qualité des corps énergétiques. Ainsi, plus la personnalité est radieuse, positive, responsable, confiante et pleine d'amour, plus ses corps d'énergie sont en santé. Partant de ce fait, nous conviendrons alors qu'une personne souffrante sur les plans physique ou émotif aura des corps d'énergie fragilisés et affaiblis. Tant la maladie, la forte médication, les traitements chimiques, les chirurgies que la tristesse, la colère, la dépression et le deuil peuvent altérer la santé des corps énergétiques d'une personne.

De plus, l'être cher qui s'apprête à quitter notre monde transporte dans ses énergies tout un bagage de vie personnelle dont on ne connaît pas toujours l'ampleur. La purification des

1. Le corps éthérique, le corps émotionnel, le corps mental, le corps astral, le corps supra-astral, le corps céleste et les corps de lumière, comme un doux cocon, sont interreliés et ils alimentent le corps physique en énergie vitale (ou prana). Les corps subtils sont plus amplement expliqués dans le livre *Se libérer des âmes errantes* d'Anick Lapratte et Catherine Poirier, Le Dauphin Blanc, 2008, chapitre 2.

corps énergétiques permet donc de libérer certaines mémoires émotionnelles et mentales pouvant créer des résistances au passage de la mort.

Le patient qui reçoit une harmonisation énergétique est couché sur une table de traitement et le praticien, par imposition des mains, canalise une énergie universelle de guérison dans le but de libérer les blocages et rehausser le taux vibratoire afin d'harmoniser chacun des corps.

REIKI

Le reiki est une médecine non traditionnelle d'origine japonaise, qui a été découvert au milieu du 19e siècle, par un moine chrétien nommé Mikao Usui. Le terme reiki signifie énergie universelle de vie.

« Le reiki est donc la mise ou la remise en contact de "l'énergie universelle" et de notre propre "force vitale" dans le corps physique, dans le but d'éveiller un processus dynamique de guérison des émotions ou des douleurs physiques. Le reiki est dépouillé de toute attache religieuse et ne demande pas de cheminement spirituel particulier.

« Dans une séance de reiki, le praticien canalise l'énergie universelle et, à l'aide de symboles ésotériques, la transmet en imposant ses mains sur différentes parties du corps du patient. Les mains n'ont pas à entrer en contact direct avec le corps de la personne. La transmission d'énergie pourrait même se faire à distance. L'énergie universelle posséderait par ailleurs son "intelligence propre", ce qui lui permettrait à la fois de se diriger exactement là où il y a un besoin, et de ne causer aucun effet secondaire indésirable. L'énergie personnelle du praticien est censée ne jamais intervenir dans le processus.[2] »

---

2. *http://www.passeportsante.net/fr/Therapies/Guide/Fiche.aspx?doc=reiki_th.*

Sur le plan physique, le reiki peut, entre autres, réduire la douleur, améliorer la qualité de vie des gens atteints d'un cancer ou d'une autre maladie grave, diminuer le stress et les symptômes dépressifs, tout en accroissant la vitalité.

HARMONISATION DES CHAKRAS

Les chakras sont des centres d'énergie qui peuvent être perçus comme une roue, un vortex ou une aura de lumière animée d'un mouvement rotatif. Chaque chakra a une couleur dominante et une fréquence vibratoire précise qui l'anime. Même si on en dénombre plusieurs, on aborde plus souvent l'importance des sept chakras qui sont situés le long de la colonne vertébrale. Chacun d'eux est associé à des organes et des glandes du corps physique et ils alimentent ceux-ci en énergie. *« Lorsqu'un des chakras est déréglé sérieusement, l'énergie vitale ne circule pas librement et le chakra peut s'engorger de vibrations denses ou de cristallisations. »*[3]

Il y a plusieurs façons d'harmoniser les chakras lorsque vient le moment de prendre soin de sa santé énergétique. Aujourd'hui, on retrouve en librairie d'excellents livres sur le sujet qui peuvent nous aider à harmoniser nos centres d'énergie. Des CD d'harmonisation sont aussi disponibles et ils sont de très bons outils à utiliser de façon régulière ou au besoin.

On peut également se joindre à un groupe de méditation ou participer à un atelier pour apprendre à mieux connaître les chakras et à bien les harmoniser soi-même. Nous avons tous cette capacité et il est même avantageux et bénéfique d'en apprendre les rudiments. Mais il arrive aussi des moments dans la vie où on a besoin d'être soutenu et accompagné. Dans ces

3. Marie Lise Labonté et Ninon Prévost, *Les Corps de lumière*, Le Dauphin Blanc, 2010, p. 69.

moments, un intervenant énergétique qualifié saura être un bon allié pour harmoniser nos chakras et nous aider à retrouver un mieux-être et notre vitalité.

RÉFLEXOLOGIE INTÉGRALE

« La réflexologie intégrale, fondée par Pierre David en 1992, se nommait à ses débuts réflexologie tibétaine, car son origine remonte à plus de 2 000 ans. Cette technique consiste à masser des points et des zones réflexes situés en surface et à divers endroits du corps, notamment au niveau des pieds, des mains, de la tête, etc. De plus, comme cette approche est intégrale, son action s'opère sur les plans physique, énergétique, émotionnel, mental et spirituel. Conséquemment, l'être est touché dans son intégralité. C'est ce qui en fait sa force. »[4]

Les effets bénéfiques de la réflexologie intégrale sont nombreux. Pendant le traitement, elle amène un relâchement des tensions permettant une détente profonde du corps et de l'esprit. Chez la personne en fin de vie, cette approche naturelle permet d'harmoniser et de rééquilibrer ses énergies dans le but de soulager les douleurs physiques, de diminuer le stress et de faciliter le passage. Quant à la personne en deuil, la réflexologie intégrale peut s'avérer salvatrice pour redonner vitalité au corps physique et soulager les tensions dues aux problèmes émotifs.

LES SOINS CORPORELS

Dans notre société, il existe une grande variété de soins corporels des plus agréables pour prendre soin de son corps. Centre d'esthétique, salon de coiffure, massothérapie, centre

4. http://naturellementvotre.qc.ca/reflexologie-integrale/.

de spa et de bains nordiques, centre de remise en forme ou boutiques de produits de beauté, ne sont que quelques exemples des multiples attentions qui sont à notre portée pour, l'espace d'un moment, se choyer et prendre soin de soi.

« Un soin corporel, c'est un cadeau que nous nous offrons, un moment de détente, une petite ou une grande attention pour simplement reconnaître notre importance, notre valeur, pour être indulgents ou nous dorloter quand ça ne va pas. Prendre soin de notre corps, c'est une occasion de nous dire "je m'aime !" Sans aucune prétention. »[5]

Bien qu'il semble parfois plus facile de mettre de côté les soins corporels lorsque les événements minent notre énergie, il importe de garder en mémoire tous les bienfaits qu'ils peuvent procurer. Car c'est justement dans ces moments que nous en ressentirions les plus grands avantages.

L'AROMATHÉRAPIE ET LES HUILES ESSENTIELLES

Selon le Dr Paul Dupont[6], les huiles essentielles ont été utilisées depuis l'Antiquité. L'usage de l'aromathérapie remonte également à plus de deux mille ans avant J.-C. Si ces connaissances ne se sont pas perdues aujourd'hui, c'est que les bienfaits des huiles essentielles sont multiples. En effet, car en plus de diminuer le stress et l'anxiété, ils réduisent les symptômes de la dépression, soulagent les douleurs, vivifient et tonifient le corps, et favorisent l'entrain et la joie de vivre. Aussi, en fin de vie, plusieurs variétés d'huiles essentielles peuvent être utilisées pour faciliter le passage de l'être cher.

---

5. Anick Lapratte et Sylvie Ouellet, *Pétales de vie*, Le Dauphin Blanc, 2010, p. 206.
6. Dr Paul Dupont, *Propriétés physiques et psychiques des huiles essentielles*, Diffusion Rosicrucienne, 2000, p. 7.

On retrouve sur le marché une grande variété d'huiles essentielles pour les besoins de chacun. Plusieurs huiles essentielles, qu'elles soient en associations ou non, peuvent être utilisées pour apporter un réconfort et un soulagement à différents niveaux de l'être ; que ce soit la santé physique, énergétique, émotionnelle et mentale.

Voici donc une liste de quelques huiles essentielles à utiliser en aromathérapie ou à appliquer sur le corps par de doux massages.

- **L'huile essentielle de pruche (conifère apparenté au sapin)**

L'huile de pruche est tout à fait désignée, notamment chez les personnes qui ont des sentiments de peur, de culpabilité, de repli sur soi et de regrets.

Les personnes en deuil peuvent également en bénéficier puisque l'huile de pruche est un puissant équilibrant nerveux qui renforce et protège aussi le système énergétique.

À l'approche de la mort, l'huile de pruche facilite le lâcher-prise et la dissipation des angoisses, apaise l'être cher tout en facilitant un dégagement de la conscience vers le haut. Pour un effet optimal, veuillez appliquer, en un doux massage, entre les sourcils et derrière les oreilles sur les mastoïdes[7], ainsi que sur les points d'Arnold situés à la base du crâne et finalement dans le creux des clavicules. Pour apporter un soulagement en profondeur, appliquez quelques gouttes, d'une à trois fois par jour, aux endroits mentionnés.

---

7. Protubérance osseuse située derrière l'oreille.

- **L'huile essentielle de lavande**

« *L'huile essentielle de lavande est certainement l'une des huiles les plus calmantes. Elle agit sur l'hypothalamus et l'hypophyse par l'intermédiaire des centres olfactifs, et apaise toutes les fonctions du corps. Elle favorise la relaxation, la méditation et l'endormissement. Pour s'en rendre compte, il suffit d'en respirer quelques gouttes. Sur le plan psychique, la lavande aide à lutter contre les excès d'émotivité et de sensibilité. Elle équilibre la force vitale et neutralise les disharmonies. Utilisée comme huile essentielle d'ambiance, elle est très bénéfique pour créer une atmosphère apaisante.* »[8]

Appliquée en un doux massage sur les tempes et derrière les oreilles, la lavande favorise la quiétude et le calme mental. Elle appelle également à l'indulgence et à la douceur.

En synergie avec la pruche, en massage ou en diffuseur, la lavande contribue à retrouver sa sérénité intérieure. Il est recommandé de masser la plante des pieds, les poignets et le plexus solaire avec un mélange d'huile de massage à trois gouttes d'huile essentielle de lavande et trois gouttes d'huile de pruche.

- **L'huile essentielle de rose**

« *L'huile essentielle de rose est un puissant harmonisant psycho-émotionnel. Elle ouvre à l'amour universel, la compassion, la tendresse. Elle amène le lâcher-prise.* »[9] En raison de ses vertus, l'huile essentielle de rose est réputée pour ouvrir le cœur. Appliquer quelques gouttes deux à trois fois par jour en un doux massage sur le chakra du cœur de l'être cher harmonisera et apaisera ses émotions tout en douceur.

Les personnes en deuil peuvent également bénéficier de ses bienfaits puisque l'huile essentielle de rose a des propriétés

8. Dr Paul Dupont, *Propriétés physiques et psychiques des huiles essentielles*, Diffusion Rosicrucienne, 2000, p. 179.
9. http://www.arom-age.info/article-les-huiles-du-passage-47408420.html.

relaxantes qui permettent de trouver la paix et la tranquillité du cœur. De plus : *« L'huile essentielle de rose est principalement utilisée pour ses vertus psychiques. C'est en effet un tonique nerveux et sympathique très puissant. [...] Elle donne du courage, des forces, de l'énergie, et favorise la projection des pensées, la visualisation et la concentration. Elle crée une ambiance propice au travail spirituel. »*[10]

L'huile essentielle de rose peut être utilisée en aromathérapie ou en un doux massage au creux des poignets et sur le chakra du cœur. *« Une très petite quantité suffit, car sa fragrance est assez puissante pour créer l'état moral recherché. »*[11]

LA LITHOTHÉRAPIE : LES PIERRES ET CRISTAUX

Depuis la nuit des temps, toutes les civilisations du monde ont utilisé les propriétés thérapeutiques des minéraux. Par leurs couleurs, leurs formes et leurs compositions distinctes, chaque pierre ou cristal possède une vibration énergétique qui lui est propre. Par divers soins incluant des pierres ou des cristaux, ou en les portant directement sur soi (pendentif, bijoux ou montre), l'énergie naturelle des minéraux libère son magnétisme et nous pouvons ainsi bénéficier des énergies issues de la terre pour rééquilibrer l'ensemble de notre être.

- **Améthyste**[12]

L'améthyste est une des rares pierres extrêmement purifiantes (elle purifie en outre les autres pierres placées à son contact). Elle ouvre à l'intuition et au perfectionnement de

10. Dr Paul Dupont, Diffusion Rosicrucienne, 2000, p. 269.
11. *Ibid.*
12. L'explication des propriétés de cette pierre provient du site Internet suivant : http://lumieredamour.e-monsite.com/pages/pierres-et-cristaux/la-lithotherapie-ou-la-guerison-par-les-pierres.html.

soi ; apaise la colère par la transformation de nos pensées vers une meilleure pensée ; agit contre l'insomnie et les maux de tête. Dans l'environnement, elle purifie la pièce. Elle favorise l'élévation spirituelle, la concentration et la méditation, excellente dans une chambre à coucher et dans une salle de séjour.

C'est la pierre de la sagesse, de l'humilité et de la paix, qui transforme le négatif en positif.

- **Citrine**[13]

Cristal de roche jaune pâle, la citrine purifie le corps des toxines digestives (à appliquer sur le foie s'il est encombré, sur l'estomac pour améliorer la digestion) ; apporte courage et optimisme ; facilite la réflexion et les études. C'est une pierre puissante qui est efficace pour combattre les dépressions, la nervosité et l'inquiétude. Dans l'environnement, la citrine diffuse une énergie positive et tonifiante, rend joyeux et de bonne humeur. Elle est particulièrement recommandée pour les chambres de malades.

C'est la pierre qui rayonne la joie et la bonne humeur. Pierre de la réussite et abondance en toute chose.

- **Émeraude**[14]

L'émeraude est la pierre qui apporte la paix intérieure et l'harmonie entre les plans physique, mental, et émotionnel. Elle est très puissante sur le plan vibratoire. Elle permet notamment de se dégager des ressentiments et des situations litigieuses qui ont été vécus dans la relation parentale pendant l'enfance et l'adolescence. L'émeraude a des effets excellents sur l'ensemble du système digestif, mais aussi sur le foie, sur le

---

13. L'explication des propriétés de cette pierre provient du site Internet suivant : http://lumieredamour.e-monsite.com/pages/pierres-et-cristaux/la-lithotherapie-ou-la-guerison-par-les-pierres.html.
14. *Ibid.*

pancréas, sur les reins, et surtout sur le cœur pour lequel elle est une protection efficace. Son action de régénération avec sa puissance de rayonnement permet de retrouver rapidement la santé. Sur le plan spirituel, l'émeraude déclenche un processus de transformation en harmonisant la sagesse et la liberté vis-à-vis de son destin.

- **Grenat**[15]

Le grenat donne de l'énergie, de la force, de la persévérance et du courage. Il combat les infections microbiennes, les dépressions nerveuses, la neurasthénie. Il stimule le thymus, régule les troubles de cœur, la tension artérielle, et la circulation sanguine. C'est une pierre qui procure la bonne humeur, évite la mélancolie, soulage les palpitations du cœur et stimule les organes sexuels.

- **Quartz fumé**[16]

Le quartz fumé est très puissant lors des cures de désintoxication tabagiques et de drogues douces. Il purifie le système immunitaire (cancer, sida). Il rend lucide, il chasse les idées noires, compense la tendance à la morosité. Il permet de rééquilibrer les personnes qui ont des tendances trop marquées à la spiritualité, ou au rêve éveillé, il favorise donc l'enracinement au sol.

LA MUSICOTHÉRAPIE

Souvent, pour les gens éprouvés, il n'est pas facile d'exprimer des émotions. C'est alors que la musique, par ses paroles,

15. L'explication des propriétés de cette pierre provient du site Internet suivant : http://lumieredamour.e-monsite.com/pages/pierres-et-cristaux/la-lithotherapie-ou-la-guerison-par-les-pierres.html.
16. *Ibid.*

ses rythmes et ses vibrations, peut faire ressurgir une gamme d'émotions profondément enfouies. Selon l'Association québécoise de musicothérapie : « *La musicothérapie est un mode d'intervention qui utilise les composantes de la musique (rythme, mélodie, harmonie, style, etc.) afin d'améliorer ou de maintenir le bien-être physique et psychique de l'individu* ».[17]

Qu'il s'agisse d'être passif en se laissant bercer par les notes ou en étant actif en chantant ou jouant d'un instrument, la musique peut être un excellent exutoire quand les mots ne suffisent plus.

La diversité et la profondeur de la musique en font un outil inestimable en soins palliatifs. Écouter une musique et des chants qu'on aime permet de soulager la douleur physique et psychique. Elle favorise la relaxation et le soulagement de la douleur en procurant un sentiment de bien-être. La musique fait revivre les souvenirs, elle est rassembleuse et elle encourage l'expression affective et spirituelle. La musique permet ainsi de s'ouvrir vers l'extérieur et de communiquer avec les autres. Elle a ce pouvoir de toucher nos cœurs et de remonter le moral, de nous unir et de traduire l'inexprimable. Elle nous rejoint de mille manières et, comme outil thérapeutique, elle peut grandement adoucir l'ambiance et les derniers moments de fin de vie.

Il semblerait également que certains sons particuliers, tels que le chant des baleines, le chant des oiseaux, le son des vagues ou les sons de la nature en général soient efficaces pour apaiser les personnes souffrantes. Comme ces sons ont un effet relaxant, ils atténuent le stress et libèrent les endorphines, qui ont des propriétés calmantes et analgésiques. Une personne calme et détendue sera d'ailleurs beaucoup plus réceptive aux soins reçus.

---

17. http://www.musicotherapieaqm.org/.

LA MÉDITATION GUIDÉE

Tout comme la musique, la méditation guidée procure de multiples bienfaits aux personnes éprouvées. « Des recherches menées au cours des 40 dernières années ont permis d'observer que la méditation entraîne plusieurs bienfaits psychologiques et physiologiques mesurables. » Contrairement à la méditation usuelle qui requiert un effort et une discipline particulière pour faire taire le mental, la méditation guidée demande, quant à elle, de s'abandonner au rythme des instructions suggérées. Certains types de méditation proposent des approches d'autoguérison en induisant l'esprit et le corps au retour à la santé. D'autres encore suggèrent des visualisations, des mantras et des sons particuliers dans le but de générer un processus de guérison ou de relaxation.

Les vertus de la méditation guidée sont donc multiples : elle amène des sentiments positifs, améliore le système immunitaire, diminue l'activité mentale (ce qui permet de mettre sur pause les inquiétudes et les peurs), aide à gérer le stress et l'anxiété, réduit les symptômes des douleurs chroniques, améliore la qualité de vie des personnes atteintes de cancer et apporte une relaxation profonde en diminuant le stress et en favorisant un meilleur sommeil. La méditation guidée est sans contredit un moyen efficace nous permettant de nous concentrer sur l'instant présent et d'en faire un moment de paix et de sérénité.

PURIFICATION DES ÉNERGIES AMBIANTES

Pour connaître les outils (sauge, lampe de sélénite, lampe de sel, encens liquide purifiant) et les bienfaits d'une purification ambiante, veuillez vous reporter à la page 42 du chapitre 1 de ce présent livre, où l'on traite de l'harmonisation énergétique des lieux.

HARMONISATION ÉNERGÉTIQUE À DISTANCE

Comme son nom l'indique, *l'harmonisation énergétique à distance*[18] est une technique utilisée par un intervenant énergétique qui se trouve dans un espace autre que la personne recevant les soins d'énergie. Le traitement à distance est une technique très répandue et des plus appréciées par les gens ne pouvant se déplacer pour recevoir un soin directement. Souvent, les gens se demandent comment cela fonctionne. Le traitement à distance s'opère exactement de la même façon que la prière et les messages télépathiques. Par un enracinement profond, une connexion à l'énergie divine et à la force de l'intention, un intervenant émet une onde énergétique qui circule, sans contrainte d'espace et de temps, et se rend directement à l'endroit concerné.

L'harmonisation énergétique à distance peut s'avérer fort salutaire pour un accompagnateur désigné, une personne en fin de vie ou pour harmoniser un lieu. Nombreuses sont les personnes ayant bénéficié d'une chaîne d'amour portée par les énergies du cœur. L'harmonisation énergétique à distance d'un lieu peut également être faite sur une base régulière sans que cela nuise à la personne en fin de vie et à ses proches. Au contraire, lorsqu'elle est effectuée dans l'amour, l'harmonisation énergétique peut apporter un soulagement et de précieux bienfaits.

LES ANGES ET LES ARCHANGES

Faire appel à un ange ou à un archange, c'est comme appeler un ami fidèle dans les moments de détresse. Jamais il ne nous laissera tomber et toujours il sera à nos côtés pour nous

18. Anick Lapratte et Catherine Poirier, *Se libérer des âmes errantes*, Le Dauphin Blanc, 2008.

écouter, nous réconforter et nous aider. Les anges veillent constamment sur ceux qui les prient et ils sont toujours prêts à intervenir si on sollicite leur présence. Ils sont des messagers divins auxquels nous sommes reliés depuis la nuit des temps. Et souvent, ils connaissent nos besoins beaucoup mieux que nous les connaissons nous-mêmes. C'est pour cela qu'ils aiment tant nous apporter leur aide. Et leur souhait sincère est que nous fassions plus souvent appel à eux afin que nous puissions ressentir leur présence bienveillante dans nos vies.

Les anges nous conseillent et nous accompagnent, tant dans notre vie sur terre que de l'autre côté du voile. Ainsi, pendant les moments difficiles de l'accompagnement, ils peuvent nous soutenir en nous donnant la force, le courage, la compréhension, la patience et l'amour nécessaires pour traverser le rivage du deuil.

Les anges ne sont pas limités par l'espace et le temps et ils peuvent ainsi répondre aux demandes de chaque personne qui fait appel à eux. Tout le monde, sans distinction de races, de religions ou de croyances peut faire appel aux anges. Ils ont accès à nos pensées et ils peuvent lire dans notre cœur et dans notre âme. Ils ont un amour incommensurable pour chacun d'entre nous et ils ne portent aucun jugement sur notre situation, nos besoins et nos demandes. Nous pouvons donc leur confier nos doutes, nos peurs, nos appréhensions, et nous pouvons aussi remettre en toute confiance nos soucis entre leurs mains. Ils n'attendent qu'un signe de notre part pour intervenir et nous apporter de nombreuses bénédictions.

L'ENRACINEMENT

Il n'y a rien comme un bon ancrage à la terre pour se sentir en contrôle de son être et de ses émotions. Souvent, le simple fait de s'enraciner permet à une personne de reprendre contact avec son corps physique, ses sensations et tout ce qui l'habite. S'enraciner, c'est quitter le brouhaha du mental ou les tourbillons émotifs pour habiter plus sereinement son corps physique et tous ses corps énergétiques. Ainsi, une personne stressée ou incapable de prendre une décision sera beaucoup plus calme et agira avec plus d'assurance après un exercice d'enracinement. Autrement dit, quelqu'un de bien enraciné est une personne stable sur le plan émotif, qui a les deux pieds sur terre, dont les idées sont plus claires et qui gère mieux les situations plus difficiles de la vie.

Il y a quantité de façons de s'enraciner. L'important, c'est que l'activité d'enracinement puisse procurer à la personne la sensation de « revenir sur terre » et d'habiter pleinement son corps. Marcher en forêt, s'adosser à un arbre, jardiner la terre, marcher pieds nus sur l'herbe, faire du sport, se masser vigoureusement les jambes et les bras, faire l'amour, et rire un bon coup ne sont là que quelques exemples possibles d'enracinement au quotidien.

Une autre façon de s'enraciner est de procéder à l'enracinement par la visualisation. Ne nécessitant que quelques minutes, cette forme d'enracinement est facile d'utilisation et est couramment pratiquée par un bon nombre de personnes.

Voici donc une méthode d'enracinement par la visualisation qui peut s'effectuer tous les jours et à divers moments : au lever, au coucher, avant de commencer à travailler, avant une méditation, avant un traitement énergétique, avant d'affronter une situation plus difficile ou au contraire, lorsqu'on est heureux et entièrement reconnaissant de ce que l'on vit.

MÉTHODE D'ENRACINEMENT PAR LA VISUALISATION

Assoyez-vous confortablement dans un endroit tranquille et fermez les yeux. Prenez trois profondes inspirations et expirez lentement afin de vous détendre. Portez votre attention sur vos pieds et ressentez vos orteils, la plante de vos pieds et vos talons. Sentez vos pieds fusionner avec le sol. Ensuite, visualisez des racines sortir sous vos pieds et se frayer un chemin jusqu'au milieu de la terre. Pendant le processus d'enracinement, demandez à la Terre mère d'accueillir vos racines, de les purifier et de les nourrir de son énergie vitale.

Ressentez cette belle énergie monter dans vos pieds... dans vos jambes... et monter dans tout votre corps. Sentez les moindres de vos cellules se régénérer et se vivifier. Puis, prenez une profonde inspiration, ouvrez les yeux et massez vigoureusement vos jambes et vos bras pour activer votre circulation sanguine et vous reconnecter avec votre corps physique. Finalement, remerciez la Terre mère pour ses bienfaisantes énergies et sourire aux lèvres, savourez pleinement chaque seconde de votre vie !

Conclusion

« Dans le détachement se cache la sagesse de l'incertain. Cette sagesse nous libère des entraves créées par le passé, par le connu. Elle ouvre la porte de la prison qu'a construite notre conditionnement au passé. En acceptant d'entrer dans l'inconnu, dans le champ de tous les possibles, nous nous abandonnons à l'esprit créatif, au chorégraphe de la danse de l'univers.

– Dr Deepak Chopra

Il y a un peu plus d'un an, je marchais tranquillement en nature respirant l'air frais de novembre. Les premiers flocons de neige qui se déposaient tout doucement sur mon visage me procuraient un sentiment de joie et d'amour pour la vie que je n'avais pas ressenti depuis longtemps. Dans ce moment de paix et de profonde connexion intérieure, j'entendis Roch me souffler à l'oreille : « *Ma chérie, tu l'as fait ! En traversant le deuil et en guérissant ton cœur de la blessure karmique de ton âme, tu as retrouvé la joie de vivre et ton amour pour la vie. Je suis tellement fier de toi !* » À l'instant où j'entendis ces mots qui résonnaient au rythme de la joie, je sus que j'étais arrivée à un point culminant de ma destinée. Dans ce moment sublime de connexion avec la vie, j'ai tourné la tête vers le ciel et j'affirmai avec fierté et bonheur au cœur « *mission accomplie, mon amour, je t'aime !* »

J'ai retiré de mon parcours du deuil et de ma guérison émotionnelle de nombreux enseignements qui aujourd'hui me font voir la vie autrement. Souvent, la mort d'un être cher survient pour nous enseigner à accueillir le changement, à briser les chaînes des conditionnements du passé, à aimer et à s'aimer encore plus fort. La vie est un don précieux que l'on se doit de chérir jusqu'à la mort et même au-delà. Dans notre monde effréné, on oublie trop souvent de prendre soin de soi et de la flamme qui nous anime et qui nous sert.

À bout de souffle et secoués par l'épreuve du deuil, certains en arrivent même à délaisser cette étincelle d'amour qui nourrit leurs cœurs, leurs âmes et leur quotidien. Certes, le deuil est un processus parfois douloureux que le temps se charge de soigner. En fonction du lien qui nous unissait à l'être cher décédé, il y aura des jours plus difficiles que d'autres. Mais prolonger les souffrances en alimentant la perte et le manque ne fera que retarder la guérison et le mieux-être tant souhaités. À partir du moment où l'on prend la décision de cesser de nourrir l'épreuve et de prioriser son bien-être intérieur afin d'être dans la légèreté du cœur, la vie nous ouvre grand les bras pour nous aider à guérir et à revivre. Oui, tous les possibles sont à notre portée lorsqu'on permet aux événements de nous transformer et de nous faire vibrer pour renaître, s'épanouir au grand jour et vivre passionnément.

Aujourd'hui, notre désir le plus sincère, à Anick et à moi, est que vous puissiez vous réconcilier avec la mort et renouer avec la vie en redécouvrant qui vous êtes : vos facultés, vos forces et les joies qui vous font vibrer. Puissiez-vous avoir le courage de rallumer la flamme qui rend vivant et heureux.

Par ce livre, nous sommes à vos côtés, comme des amies pouvant vous soutenir dans les méandres de l'accompagnement et du deuil. La mort n'est pas la fin d'une relation, elle est le passage conduisant à la transformation des liens et à une connexion différente, mais pourtant réelle. Car malgré nos chemins respectifs, nous ne sommes jamais vraiment séparés de ceux qui ont quitté la terre. Les liens du cœur sont impérissables et sauront toujours nous rapprocher les uns des autres. Ils connaissent le chemin de la guérison simultanée et peuvent nous conduire vers notre plein épanouissement.

Avant d'apposer le point final à ce livre, comme un legs venant des étoiles, Roch vient vous souffler un dernier message sous l'emblème de l'amour : « *Être pleinement vivant et en santé est un privilège qu'il vous est donné de vivre en toute conscience et dans l'amour de soi. Honorez votre passage sur terre, rendez hommage à la beauté de votre âme. Soyez vivant et aimez pleinement la vie !* »

Et vous, que choisissez-vous ?

Avec tout notre amour,

CATHERINE ET ANICK XX

Bibliographie

BEAUTHÉAC, Nadine, *Hommes et femmes face au deuil*, Paris, Albin Michel, 2008.

BERNARD, Suzanne, *Et si la mort m'aidait à vivre ?* Québec, Le Dauphin Blanc, 2002.

BOUKARAM, Dr Christian, *Le pouvoir anticancer des émotions*, Montréal, Les Éditions de l'Homme, 2011.

BRADEN, Gregg, *La Divine Matrice*, Outremont, Ariane, 2007.

BRADEN, Gregg, *La Guérison spontanée des croyances*, Outremont, Ariane, 2008.

CARRÉ, Nicolle, *Préparer sa mort*, Paris, Les Éditions de l'Atelier, 2001.

CHARBONIER, Dr Jean-Jacques, *La médecine face à l'au-delà*, Paris, Guy Trédaniel éditeur, 2010.

CHARBONIER, Dr Jean-Jacques, *Les 7 bonnes raisons de croire à l'au-delà*, Paris, Guy Trédaniel Éditeur, 2012.

CHILDRE, Doc et Howard MARTIN, *L'intelligence intuitive du cœur : La solution HeartMath*, Outremont, Ariane, 2005.

DE MONTIGNY, Johanne, *Quand l'épreuve devient vie*, Montréal, Médiaspaul, 2010.

DONALD WALSCH, Neale, *La Petite Âme et le Soleil*, Outremont, Ariane, 2008.

DUPONT, Dr Paul, *Propriétés physiques et psychiques des huiles essentielles*, France, Diffusion Rosicrucienne, 2000.

FLANSBERRY, Joane, *La Bible des Anges*, Québec, Le Dauphin Blanc, 2008.

GREENSPAN, Miriam, *Guérir de la détresse émotionnelle*, Outremont, Ariane, 2004.

GROLEAU, Gaétane, *Ma sœur ma lumière*, Montréal, du Roseau, 2002.

HALL, Judy, *La Bible des Cristaux*, Paris, Guy Trédaniel éditeur, 2003.

KÜBLER-ROSS, Elisabeth, *La mort est une question vitale*, Paris, Albin Michel, 1996.

KÜBLER-ROSS, Elisabeth et David KESSLER, *Sur le chagrin et le deuil*, Paris, JC Lattès, 2009.

LABONTÉ, Marie Lise, *Maître de ses chakras, maître de sa vie*, Québec, Le Dauphin Blanc, 2005.

LABONTÉ, Marie Lise, *Accompagnement d'âmes*, Québec, Le Dauphin Blanc, 2009.

LABONTÉ, Marie Lise, *Le Choix de vivre*, Montréal, Les Éditions de l'Homme, 2009.

LABONTÉ, Marie Lise et Ninon PRÉVOST, *Les Corps de lumière*, Québec, Le Dauphin Blanc, 2010.

LAPRATTE, Anick et Catherine POIRIER, *Se libérer des âmes errantes*, Québec, Le Dauphin Blanc, 2008.

LAPRATTE, Anick et Sylvie OUELLET, *Pétales de vie*, Québec, Le Dauphin Blanc, 2010.

RINPOCHÉ, Sogyal, *Le livre tibétain de la vie et de la mort*, Paris, La Table Ronde, 1993.

MERCIER, Marcel, Alain GILLARD et Richard TREMBLAY, *Les Couleurs de la guérison*, Québec, Le Dauphin Blanc, 2009.

MEUROIS, Daniel et Anne GIVAUDAN, *Chronique d'un départ*, Plazac, Amrita, 1993.

MILLER, Gladys, *L'Écoute de l'âme*, Québec, Le Dauphin Blanc, 2006.

MONBOURQUETTE, Jean, *Grandir : Aimer, perdre et grandir*, Montréal, Novalis, 2007.

MONBOURQUETTE, Jean et Isabelle D'ASPREMONT, *Excusez-moi, je suis en deuil*, Montréal, Novalis, 2011.

MOODY, Raymond, *La Vie après la vie*, Paris, Robert Laffont, 1975.

MULLER, Christiane et Kaya, *Le Livre des anges*, Sainte-Agathe-des-Monts, Univers/Cité Mikaël, 2004.

OUELLET, Sylvie, *Ils nous parlent... entendons-nous?* Québec, Le Dauphin Blanc, 2004.

OUELLET, Sylvie, *J'aimerais tant te parler...*, Québec, Le Dauphin Blanc, 2006.

OUELLET, Sylvie, *Après la mort, qu'est-ce qui m'attend?* Québec, Le Dauphin Blanc, 2012.

PINARD, Suzanne, *De l'autre côté des larmes*, Boucherville, De Montagne, 2005.

PINARD, Suzanne, *Accompagner la vie, la mort et le mystère*, Boucherville, De Montagne, 2010.

PLAMONDON, Denis, *La Route du deuil*, Chicoutimi, JCL, 2009.

RACINE, Louise, *Le Deuil, une blessure relationnelle*, Montréal, Du CRAM, 2011.

RACINE, Louise, *Le Deuil: Accepter, laisser partir et choisir la vie*, Montréal, Du CRAM, 2011.

RÉGNIER, Roger, *La Perte d'un être cher*, Montréal, Quebecor, 2011.

STEIN, Diane, *Reiki essentiel*, Paris, Guy Trédaniel éditeur, 1997.

TOLLE, Eckhart, Quiétude, Outremont, Ariane, 2003.

VAN PRAAGH, James, *Ces histoires inachevées*, Québec, Le Dauphin Blanc, 2010.

VAN PRAAGH, James, *Grandir au Paradis*, Québec, Le Dauphin Blanc, 2012.

VOGEL, Gretchen, *Les Choix dans l'au-delà*, Québec, Le Dauphin Blanc, 2009.

WARD, Suzanne, *Matthieu, raconte-moi ta vie au paradis*, Outremont, Ariane, 2008.

WILLIAMS, Lisa, *L'âme est éternelle*, Québec, Le Dauphin Blanc, 2011.

À propos des auteures

CATHERINE POIRIER est thérapeute énergétique et accompagnatrice en épanouissement personnel et spirituel. Elle a collaboré à l'écriture du livre *Se libérer des âmes errantes*, de l'auteure Anick Lapratte. Depuis plusieurs années, elle donne des conférences partout au Québec sur le cheminement de l'âme et la vie après la mort. Elle souhaite maintenant apporter une aide aux personnes qui ont perdu un être cher, aux personnes en fin de vie et aux âmes qui ont fait la grande traversée. Porteuse de lumière dans l'âme, elle souhaite avant tout que chacun découvre et cultive sa véritable nature qui, inévitablement, inspire et élève au mieux-être.

Pour obtenir davantage d'informations sur l'auteure et pour connaître les activités et les services offerts, veuillez consulter le site Web suivant :

www.oasisdamour.com

ANICK LAPRATTE est une grande passionnée de la vie après la mort et du phénomène d'emprise par une âme errante. Souvent invitée par les médias, elle est devenue une référence au Québec dans ce domaine. Elle est intervenante énergétique, conférencière et auteure à succès des livres *Une autre âme dans ma fille*, *Se libérer des âmes errantes* et *Pétales de vie*. En collaboration avec son guide spirituel et une équipe chevronnée, elle a purifié de nombreux lieux dits hantés et a aidé bien des gens à se libérer de l'emprise. Aujourd'hui, elle travaille en tant que conseillère sur les phénomènes paranormaux pour une série télé en développement. Elle offre aussi divers ateliers et conférences sur la médiumnité et la communication subtile, elle participe à divers projets d'écriture et elle travaille toujours à la purification de lieux énergétiquement lourds.

Pour en apprendre davantage sur l'auteure et pour connaître les activités et les services offerts, veuillez consulter le site Web suivant :

www.anicklapratte.com

MARQUIS

Québec, Canada

RECYCLÉ
Papier fait à partir de matériaux recyclés
FSC® C103567
FSC
www.fsc.org

Imprimé sur du papier Enviro 100% postconsommation
traité sans chlore, accrédité ÉcoLogo et fait à partir de biogaz.

100%
PERMANENT
BIO GAZ
ÉNERGIE